キマジメさんの「いっぱいいっぱい」で

しんど ノになる

セノ インド・

マネ ミ メント

JN071430

濱田恭子

日本マインドワーク協会代表理事

ビジネス社

イントロダクション

やることが多すぎて、いつも「いっぱいいっぱい」のあなたへ

現代人は日々たくさんの情報やタスクにさらされています。
テレビ、ラジオ、パソコン、さらにスマホが加わり、
ツイッターやインスタグラムなど、
さまざまなSNSからは
怒涛《どとう》のような情報が目に入ってきます。
もはや処理しきれないほど大量の情報が、
私たちに押し寄せてきています。

イイネ!
入籍
12.1K
BIRTHDAY
ポイントが貯まる!
大ヒット上映中!
¥500
お買い得クーポン
メジャー移籍
SALE
今月のコンビニスイーツ
速報!

そのうえ、多様化した社会の中で、
こなさなければならない役割も増えています。
性別を問わず、仕事に家事に育児…。
マルチタスクを求められるようになっているのです。

何事もちゃんとやろうと向き合う真面目な人ほど、

「他人に頼むより自分でやったほうが早い！」

「もうちょっと頑張れば平気」

とつい無理をしてしまうため、
多くのタスクを抱え込んでしまうことがあります。

「仕事がなかなか終わらない！」

「仕事と家事、それに育児で

身動きが取れない！」

「いつも疲れがひどい」

「常に仕事が頭から離れない…」

「ストレスを感じる」

「睡眠時間が取れない」

研修などでアンケートをとると、
こうした声が多く聞かれます。

実際、世界の睡眠時間を調べると、
日本はかなり短いのです。
それだけキマジメさんが
多い国なのですね。

就労者の睡眠時間の国際比較

有職者 ■女性 ■男性
（時間：分／日）

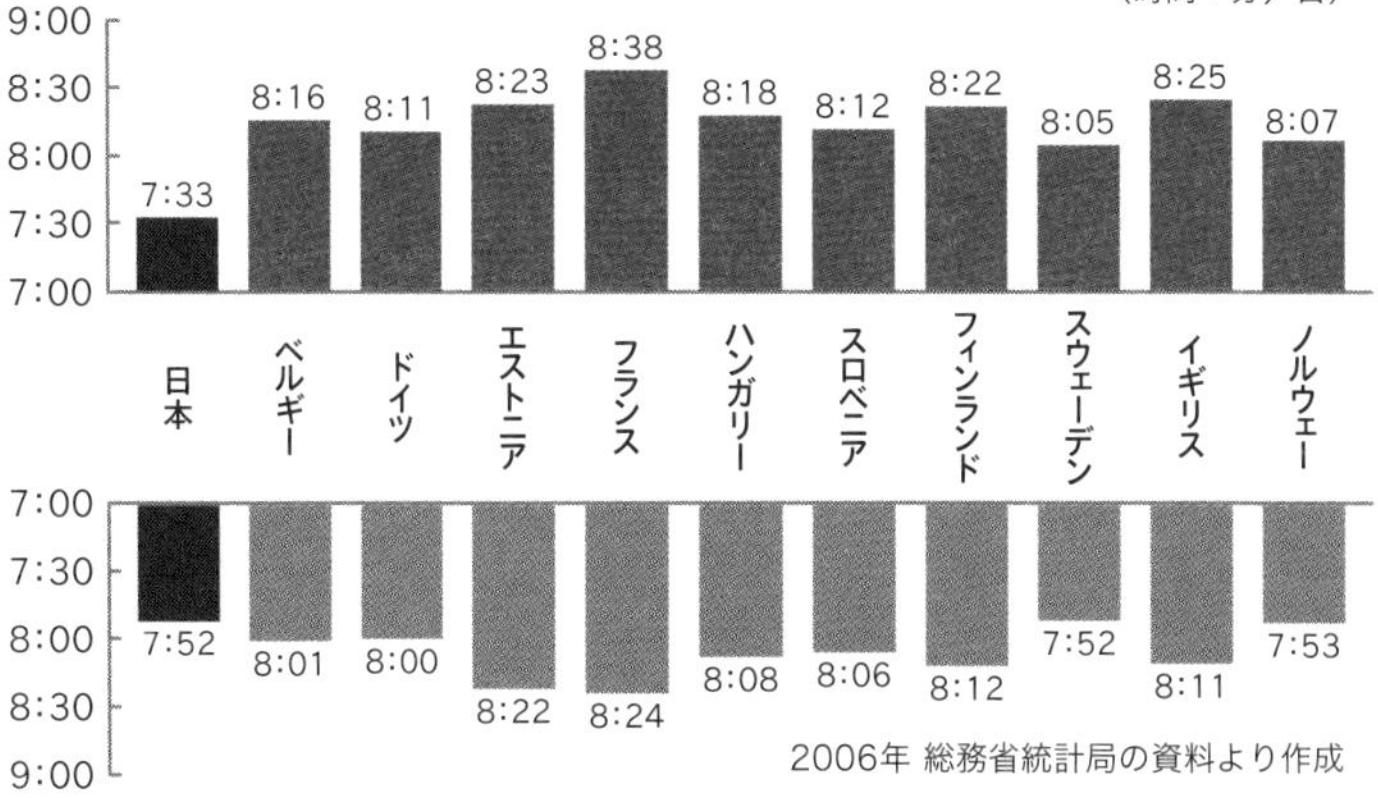

2006年 総務省統計局の資料より作成

あれもこれもやらなくては…と、
常にいろいろなことが気になって
毎日余裕がない。
その結果、なかなか眠れない。
少しも熟睡できない…。

そんな状態が続いている方も、
多いのではないでしょうか？

人のエネルギーやキャパシティー（容量）には
限りがあります。
その限度を超えてしまうと、
心や身体に深刻な影響が出たりします。
生真面目な方ほど
（本書ではキマジメさんとお呼びさせていただきます）、
何事にも真剣に取り組んで、
手抜きをすることができず、
知らず知らずにキャパオーバーを起こして、
危険な状態になってしまうことがあるのです。

なぜ人は余裕をなくしてしまうのか。
どのようにするとストレスから抜け出すことができるのか。

人の心には仕組みがあります。
その仕組みを知り、
さらに本書で紹介するワークを実際に行うことで、
不安や心配、ストレスが減っていきます。
その結果、余裕が生まれます。

本書の書名、「セルフ・マインド・マネジメント」
(self-mind-management)とはなんでしょうか。
「セルフ」とは、もちろん自分自身のこと。

「マインド」には「心」や「精神」「感情」「意識」
といった意味があります。
そして「マネジメント」は、組織の管理や
運営を示す言葉として広く使われています。
現在の状況をしっかり安定させ、
さらに良い方向へ成長を促していくことだとされています。

つまり、**「セルフ・マインド・マネジメント」とは、**
「自分自身」の「心や精神、感情、意識」を
「安定させ、さらにより良い方向になるように
成長を促していく」ことになります。

日常の中では、良いことばかりが起きるわけではありません。
人間には感情がありますから、怒り、不安、焦り、ストレスなど、
ネガティブな感情にとらわれてしまうこともあるでしょう。
しかし重要なのは、そこからすぐに抜け出せるかどうかなのです。

何かが起きたとき、物事の捉え方を変えて、
問題を素早く解決できる人と、いつまでも引きずってしまう人、
どちらがうまくいくと思いますか？　言うまでもありませんよね。

「セルフ・マインド・マネジメント」を身につけた人と
そうでない人は、将来的に心や身体の健やかさに違いが生まれ、
長い先には、人生の方向性までもが変わってくるのです。

やることが多すぎ、手を抜くこともできないキマジメさんに、
この「セルフ・マインド・マネジメント」を知っていただくことで、
あなたらしさを生かせる未来を手に入れてほしいと願っています。

8	自分がやったほうが早いと思い、 すぐ手を出してしまう	□
9	食事をしても、何を食べたか 味わっていないことがよくある	□
10	最近、仕事以外の時間を 取っていないと感じることがある	□

➡気になる結果をチェック!

7つ以上当てはまる

かなり危険な状態です。まとまった休みを取るなどして、リセットが必要なようです。

5つ以上当てはまる

かなり「いっぱいいっぱい」です。今度の週末は自分の好きなことに使うと決めて、リフレッシュしてください。

3つ以上当てはまる

少し深呼吸して、ストレスとうまく付き合っていきましょう。

キマジメさんの

「いっぱいいっぱい」度チェック

今のあなたがどれだけ「いっぱいいっぱい」か、簡単にテストしてみましょう。以下の1～10について、自分に当てはまると思う項目に✓をつけてください。

1	歩くのが早いと言われる	□
2	スケジュール表はぎっしりで、ときに休日に仕事を持ち帰る	□
3	食べるのが早い	□
4	お休みの日に何をしていいかわからない	□
5	ゆっくりした話し方をされるとつい先回りして、結論を言いたくなる	□
6	エスカレーターに乗っても歩く	□
7	常に仕事のことを考えている	□

Contents

第1章 「いっぱいいっぱい」になってしまう心の仕組み

第2章

考え出すと止まらない「ぐるぐるの森」

第3章

「WHY?」という問いかけをやめてみる

第4章

怒りや不安を減らしてポジティブなエネルギーを増やす！

第5章 キマジメさんに、ぜひ知っておいてほしいこと

第1章

「いっぱいいっぱい」になってしまう心の仕組み

やることが多すぎてキャパオーバー。
何事にも手が抜けないキマジメさんには、
ありがちなことです。
でも、心の仕組みを知れば、
余裕を生み出すこともできるのです。

接する情報も、こなす役割も多い現代人は、ハイスペックを求められている

昔の人に比べて、私たち現代人が受け取る情報量はかなり増えています。人が受け取る情報量は、10年でなんと530倍にもなっているのです。これは平成18（2006）年に総務省の情報センサスで発表された数値です。今から15年前に発表されたデータでこれだけ数値が増えているということは、現在はいったいどれほどの情報量になっているでしょうか。

私たちが普段、意識と呼んでいるものは、パソコンの仕組みにとてもよく似ています。

たくさんの情報をパソコンにダウンロードするとどうなるでしょうか？　大量のデータを一度に取り込もうとすると、当然ながら処理能力を超え、動作が遅くなったり、フリーズしたりします。これは誰もが体験したことがあると思います。

実は、これと同様に私たち人間も、キャパオーバーになることがよくあります。パソコンだったらメモリやハードディスクを増設することも可能です。しかしながら人間は、そうはいきませんよね。

社会の中での役割が多様化している現代人

近代社会の情報量の増え方が急激なだけではありません。私たちの社会的役割も多様化してきています。

かつての日本では、職場でも家庭でも男女間の格差がありました。しかし現在は、「男性は仕事だけしていればいい」とか、「女性は家庭の中にだけいればいい」という時代ではなくなってきました。性別を問わず、いろんな場面でさまざまな役割を担うことが多くなっています。

もちろんそれは素晴らしいことです。しかし、さまざまな場面に応じて、頭の切り替えが必要なケースが増えているとも言えるでしょう。

こういう時代だからこそ、仕事もプライベートも両立させ、パソコンでいうならばフリーズさせないようにしていくことが重要です。そのためにパソコンなら、今必要のない情報はリリースして、サクサク動くようにしますよね。

このことについてキマジメさんとやり取りしながら、わかりやすくお話ししていきたいと思います。

Case 1

結婚して仕事と家事で頭がいっぱいに。眠れなくなった会社員Aさん（34歳）

キマジメAさん：昨年、僕は結婚しました。父たちの世代と違って妻も働いているので、僕も家事をします。これが普通ではありますが、同僚が残業しているのに、後ろ髪を引かれながら家に帰ることもあるんです。上司に怒られた日には凹んだ気持ちを引きずってしまうことも……頭の切り替えがうまくいかないんですよね。

料理とか掃除とかしながら、仕事のことを考えてしまうときもあります。妻がその日の出来事を話しているときも、仕事のことが頭のどこかにあって、「ちょっと私の話、ちゃんと聞いてる!?」って怒られることもあるんですよね。

翌日の仕事の段取りが頭に浮かんでくると、なかなか寝つけなくなってしまって、眠りが浅くなることも多いんです。

濱田：そうですよね。まさに、やるべきことが頭から離れないというキマジメさんですね。そういう方は、実は結構いらっしゃいます。

頭を切り替えるためには、情報をリリースすることが必要なのです。どういうことか、次で詳しくお話ししますね。

情報をリリースする＝すっきりする＝完全に消去するのではなく、情報を整理して最適化すること

現代人は処理しなければならない情報量が多くなっているうえに、社会的な役割も多様化しているため、誰でもいろいろなことが頭の中でぐるぐる回っている状態になりがちです。やらないといけないことでキャパオーバーになっていると、集中できなかったり、睡眠の質が落ちたりしてしまいます。これはあまり好ましい状態ではありません。

あなたは「嫌なことをどんどん忘れて、どんどん前に進める人って、うらやましい……」という気持ちになったことはありませんか？

「不要なものを上手に手放して、もっと軽やかに、サクサク動けるようになったらい

いな」と思ったことがあるのではないでしょうか。

そんなふうに、ある「思い」や「考え」が頭から離れない、もしくはずっと気になって意識してしまうときって、ありますよね。気になることが重なり、自分の許容量を超えてしまってパンクしそうになるときって、ないでしょうか。

でも、そんな状態になること自体が問題だと思いませんか？

「情報を整理する」とはどういうことか

誰でも頭を切り替えたい、気になっている事柄を整理してすっきりさせたいと思うことはあると思います。では、「すっきりする」とは、「完全に」脳内からデリートしてしまうことでしょうか。

もしそうなら、これは危険だと思いませんか？

物事や経験の情報自体が消えてなくなると、「そんな物事自体がない」「それ自体の記憶がまったく残っていない」ということになってしまいます。よくよく考えてみると、これはこれで問題です。

つまりここで言う「すっきりする」というのは、完全に情報を消去（Delete）してしまうことではないのです。問題は、気になる情報が私たちの頭の中の片隅に常に残り、それにとらわれて目の前のやらなければならないことへの集中力やモチベーションが下がってしまうことなのです。

パソコンに喩《たと》えて言うなら、パフォーマンスが落ちてしまう状態です。

これを防ぐことが大切です。

情報を完全に消去して忘れ去るわけではなく、不要なものを整理して容量を空け、パソコンの最適化に近いことを目指すわけです。

デスクトップがアイコンだらけで、すぐにフリーズしたりするパソコンではなく、**体験や感情を整理し、必要になったときにそれを検索して引き出すことができる状態に、情報を最適化し、使いやすい状態に整えることが大切です。**

情報を引き出しの中に整頓してしまっておくことで、普段はそれを思い出したり、くよくよしたりすることを繰り返さずに済み、日常では気にならなくなるわけです。

そして、必要になったときには検索をかけて、その引き出しのありかを思い出し、そこを開ければ、その情報を取り出すことができる状態にしておくのです。

気になる情報を整理すると容量に余裕ができる

定義：「すっきりする」とは消去するのではなく、情報を最適化していくこと。

カウンセラーは平常心を保つために、常に情報をうまく心の引き出しに整理している

ここで少し、私の体験をお話ししましょう。

私の母は臨床心理士で、現役のカウンセラーです。歳を重ねた現在は仕事も減らしていますが、かつては病院や学校などでも勤務し、50年以上にわたって多くのクライアントさんと接してきました。

守秘義務がありますから、母からクライアントさんの話を聞くことはまったくありませんでした。しかし、以前は個人情報保護法というものがなく、施設側が母の自宅の電話番号をクライアントさんやご家族に教えてしまうといったことがありました。

そのため、緊急事態が起こったときなど、クライアントさんのご家族から自宅に直接

電話がかかってくることも、よくあったのです。

電話に出た私の声を母と間違えてお話しされる方も多く、受話器を取るとすぐ、「先生、今日うちの娘がリストカットしたんです!!」とか「クライアントが飛び降りました!!」という悲鳴のような声を聞くことがありました。

こうした電話を取ったとき、子どもだった私はとてもショックを受けました。

カウンセリングをスタートしたばかりのクライアントさんというのは、一番不安定な状態です。重い症状を持つクライアントさんに周囲は注意深く寄り添っていますが、それでもすべてが万全にできるわけではありません。残念ながら、こうした悲しい出来事が起こってしまうこともあるのです。

「母はこのような話を毎日聞いているのか」と思い、私は愕然としました。それでも、母は平気な顔をしています。仕事の後、普通に食事をしている母を見て、「ちょっとこの人、ヘンなんじゃないか!?」と、中学生だった私は思っていました。

「引き出しにしまう」と言う臨床心理士の母

あるとき、「どうやって平常心を保って過ごしているの？」と母に質問したことがあります。母は、「その子たちのことを記憶からデリートしているわけじゃないんだ」と話してくれました。「その人たちを目の前にするまでは、心の引き出しにしまうようにして、普段は出してこないようにしているんだよ。守秘義務もあるわけだから」と説明してくれたのです。

……母のカウンセリングルームに飾ってある絵の後ろには、亡くなったクライアントさんの写真などがそっと隠すように飾られているのを私は知っています。そのクライアントさんが「一緒に撮ろう」と言って、母と笑顔で写っている写真です。それを見て、私は胸が痛みました。

あれからずいぶん時間が経ちました。今では私がクライアントさんの話を聞く仕事をしています。私は病院での勤務はしていませんし、現在はセミナーやコンサルタントが中心のお仕事ですので、母にかかってきたような内容の電話がくることはほとんどありません。それでも人の悩みに寄り添う仕事を健全に行うためには、このやり方を身につけることが必須だと実感しています。

私には娘が２人います。娘たちと話をするときに、クライアントさんのことがずっと頭にあるというのは、精神衛生上、健康的とは言えません。もしそんな状態だったら、長く仕事を続けることはできないでしょう。

いろいろな情報を健全に心の引き出しにしまう技術、これを身につけておくことが、自分が平常心を保ってキャパオーバーにならないためにも必要なのです。

これは普段は情報を最適化し、必要なときに取り出せるようにしておく方法です。

あなたもキャパオーバーにならないために、身につけていただきたいと願っています。

人間の情報処理能力には限度があり、それを超えると「いっぱいいっぱい」に！

人は、なぜ「いっぱいいっぱい」、つまりキャパオーバーになってしまうのでしょうか。ここでは、人間の情報処理能力について少しお話ししたいと思います。

Case2

産休後に職場復帰したものの時々家族の話が耳に入らないBさん（37歳）

キマジメBさん：私は金融の営業職です。お客様の情報を覚えたり、対応したり、とてもハードです。3歳の子どもがおり、職場復帰してまだ1年と少しですが、時々自分がフリーズしているみたいになるんです。子どもが話していることや、夫の話が聞こえていないときがあります。どうしてそんなことになるのでしょうか。

濱田：そういうこと、ありますよね。それはキャパオーバーの〝あるある〟症状です。なぜそんなことになるのか、仕組みをお話ししましょう。

誰でも、ある程度は同じように、一時的に情報を置いておく場所があります。ところが、ここが「いっぱいいっぱい」になると、やがてはフリーズが起きてしまうのです。

顕在意識はたったの10%
潜在意識は90%以上を占める

まず、フリーズの問題に深くかかわっている意識というものの仕組みについて、お話ししましょう。

意識の構造は、よく氷山に喩えられます。

氷山の一角の一番上、水面から出ている部分を顕在意識と言います。そして、水面下にある部分を潜在意識と言います。

この顕在意識は、私たちが普段から意識できる部分です。

一方、潜在意識はその名の通り、潜在的に存在しているけれど、普段は意識することがない部分です。最近の研究では、顕在意識が占める割合は、意識全体の10％以下と言われています。

つまり、私たちが意識できない部分、潜在意識が90％以上をも占めているわけです。この潜在意識は、記憶と習慣のデータバンクだと考えていただくとわかりやすいです。

私たちはこれまでに経験したことを圧縮ファイルのような形にして、潜在意識の中に保存しています。

デスクトップパソコンに喩えるなら、動作が見える液晶画面が顕在意識で、どのように処理が行われているか目には見えないハードディスク（本体）が潜在意識です。ハードディスクの中の情報が多くなってきて「重たいパソコン」になると、画面がフリーズします。これと同じことが私たちの意識の中でも起きているのです。

パソコンを快適に動作させるためには、ハードディスク（潜在意識）のデータを整理して、容量に余裕を持たせる必要があります。

私たちが意識できるのはたった10%の領域

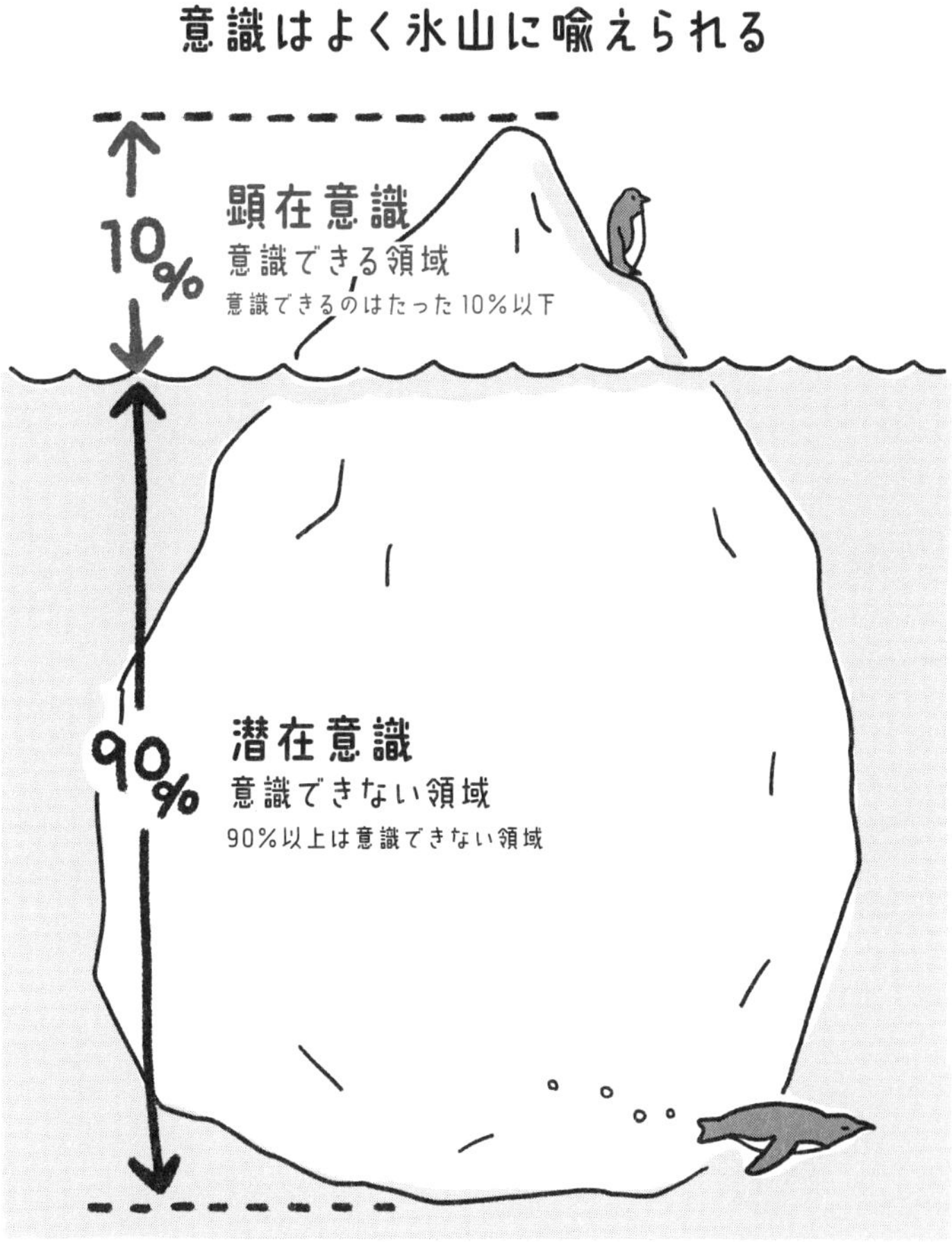

顕在意識の割合は全体の3〜7%、5%など諸説があります。本書では大きく10%以下としてお話ししていきます。

私たちはパソコンの仕組みなら理解できます。でも、自分自身の意識については理解していないことが多いのではないでしょうか。「なぜこの処理が遅いのだ」と、表面に見えている液晶部分、つまり、フリーズを起こしている顕在意識のほうのみに目がいってしまいがちなのです。

容量を空けずに再起動しても一時しのぎでしかない

パソコンなら、「電源をいったん落としたら復活するのではないか」と、再起動したりしますよね。人間も睡眠不足の場合は、睡眠を取ってリフレッシュしたらうまくいくことがあります。飲みに行って気晴らしをしたり、愚痴を話したりすることにより、ほんの少し容量が戻ってくることもあります。でもこれは一時しのぎで、すぐに元の状態に戻ってしまいます。

表面に見えている顕在意識の部分（液晶部分）にフォーカスして、フリーズしてしまう自分を責めているケースもあります。

そんなときは、パソコンの仕組みに戻って考えてみると、わかると思います。そもそも空き容量を広げないと、パソコンはサクサク動かないのです。

私はせっかちなので、パソコンの反応が遅いとすごくイライラします。フリーズしたらすぐ再起動したくなって、何度も再起動したりします。しかし再起動したからといって、容量が増えるわけではありません。とはいえ、パソコンならハードディスクを増設したり、外付けすることで容量を増やせますが、人間の場合はそういうわけにはいきません。

ですから、今使わないものは整理して、容量を空けることが必要なのです。

人は、どんなときにキャパオーバーになってしまうのか

人間の意識には潜在意識と顕在意識があります。そして、潜在意識の中には、いろんな情報が圧縮ファイルのようになって保存されています。

パソコンは空き容量を使い切ってしまうとどうしてもパフォーマンスが落ちて、処理が遅くなります。画面がフリーズして動かなくなったり、データの保存ができなくなったりすることがあります。

これと同じことが人間の中でも起きるのです。

キャパオーバーは誰にでも起こりうること

キマジメさんはとても責任感が強く、たくさんのことを一人で抱え込んでしまうことがあります。そしてたくさんのソフトを立ち上げたまま、どんどん「重いパソコン状態」になって、さらにフリーズする……という悪循環に陥ってしまうのです。

使ってないアプリをたくさん立ち上げたままのスマホみたいな状態とも言えます。

これは特別な人、弱い人に起きることではありません。誰にでも起こりうる、ごく当たり前のことだということを、まず知っていただきたいのです。

Case3

会社に行こうとするといつもお腹が痛くなるCさん（40代）

Cさんは朝会社に行こうとすると胃のあたりがキューーっと痛くなって、お腹の調子が悪くなっていました。この症状がどんどんひどくなってしまい、ある朝からは電車に乗ると、お腹に差し込むような痛みが走るようになったのです。一駅ごとに電車を降りてトイレに行くありさまで、各駅停車にしか乗れなくなってしまいました。

就職して10年。そろそろ会社では中堅になり、部下を持つ立場になりました。しかし、部下に仕事を振ると、いつも「抜け」や「ミス」があります。最後にチェックしなければならず、自分でやるよりも手間がかかってしまいます。

上司に相談しても「それぐらい俺もやっていたよ」と言われ、キマジメな彼はそれ以上、何も言えなくなってしまいました。

会社では定時退社が推奨されるようになり、遅くまで残業できなくなっていました。「増えた仕事をどうやって時間までに終わらせるか？」でいつも頭がいっぱいです。もともと納期のある仕事でプレッシャーがあり、部下の仕事の管理まで重なって、より大変になってしまいました。

帰宅してからも仕事のことが頭から離れません。ご飯を食べながらずっと仕事の段取りを考えているような状態です。仕事のことが気になって熟睡できず、夜中に何度も目が覚めてしまうとおっしゃっていました。

実は、Ｃさんのお腹の調子が悪くなったのは、結婚して子どもができたということがわかってすぐのタイミングでした。もちろん本人も大喜びでした。しかしこれはパソコンでいうと、新しいファイルが増えたのと同じことになります。もともと仕事の管理や段取りで頭がいっぱいなうえに、うれしいことではありますが、容量をもっと必要とする案件が増えてしまったわけです。

だから本人はうれしいにもかかわらず、急にフリーズ、つまりパソコンが固まるようなことが起きてしまったのです。

Ｃさんには、まずこの仕組みをしっかりとお話しして、少しずつ感情を解放するという、次の章で説明する方法を実際にやってもらうことにしました。

数か月かかりましたが、少しずつお腹を壊すということがなくなり、電車に乗ってまったく問題なく会社に行くことができるようになりました。今では二児のお父さん。仕事も家庭も大事にしながら頑張っておられます。

もう一人、キャパオーバーから体調を崩したキマジメさんのケースを紹介します。

Case4

無理がたたってメニエール症候群を発症した女性起業家Dさん（40代）

40代半ばの起業女性Dさんは、仕事中に突然、動悸とめまいがして倒れてしまい、メニエール症候群と診断されました。

Dさんは数名の外注スタッフさんに手伝ってもらいながら、バリバリと仕事をこなしていました。

「肩が凝るし、ちょっと体調悪いけど」と言いつつも、「自分が頑張ってやらないと！」と、Dさんはいつも気合を入れて、朝早くから夜遅くまで仕事していました。

ところが、ある日突然、何の前兆もなかったのにDさんは倒れてしまったのです。

いつも頑張り屋さんで、ネガティブな愚痴を言わないDさんですが、「実は、

キャパオーバーになると、最低限の機能だけ残してあとはカット

電池が切れそうなスマホは、
アプリが使えなくなる。

人も無理を続けると容量がなくなり、
いろんな機能が遮断されていく。

バッテリー切れになりそうなスマホは、カメラが使えなかったり、音楽が聴けなかったりします。余分な機能への電力をカットして、電源が切れないようにしているのです。人間もこれと同じで、負荷がかかると、いろいろな機能がオフになったりします。

なかなか休みを取れない……」というお話を聴きました。そこで感情を溜め込み、パソコンでいうと空き容量不足になってしまっている可能性を考え、「感情を書き出すワーク」（81ページ参照）をやっていただくことをすすめました。

書いていただくと、自分の中にあった不安感を吐き出し、これまで休めなかった気持ちが少しずつ整理されてきました。そうして体調をケアしつつ、仕事の内容を見直すことになりました。

外注スタッフさんへの仕事の依頼の仕方を見直し、できるだけ自動的に仕事が進んでいく方法へと、数か月かかってシフトされました。

今では週休1日ではありますが、完全オフの時間を持てるようになりました。めまいも治まり、体調も改善され、健康を維持できるようになったのです。

充実しているのに なぜ問題が起きたのか

なぜ、このおふたりに問題が起きたのでしょうか。

スマホで考えてみましょう。スマホの電池が切れそうになると、なくても困らないアプリへの電力の配分を減らして、電源が切れないようにします。例えば、バッテリー切れになりそうなスマホではカメラが使えない、音楽アプリが開けなくなるという経験をしたことはありませんか?

こういったことが、おふたりの中でも徐々に(数か月前から)起こっていたのです。例えば、食事をしてもあまり美味しいと思わなくなっていたり、これまで気にならなかったよい香りをきつく感じたり、音楽もうるさく感じたりするようになっていたり……。Dさんは、肩が凝っている感覚もなくなってきていたと言います。

人は無理を続けるうちに、このようにどんどん機能を遮断して、最低限の働きだけを守ろうとするスマホのような状態になってしまうのです。

これは、人間の「適応」という仕組みです。優先順位で上位にあるものだけを尊重し、不要なものを遮断して、必要な機能にのみエネルギーを振り分けて動けるようにしているのです。この適応の能力を超えたとき、体に不調をきたしてしまうことがあ

るのです。

先ほどお話しした、画面がフリーズして動かなくなったパソコンを思い出してみてください。いくつかの動作を一気に行おうとすると、パソコンがしばらく動かなくなることがありませんか？

人間にも、このようなことが起こります。「いっぱいいっぱい」になっているときには新しい情報はなかなか入ってきません。パソコンがフリーズしているときに、新しいデータをダウンロードしたりできないですよね。それと同じなのです。

だからこそ、本書でお話ししている「心の仕組み」について、みなさんにも知っておいてほしいと願っています。

「キャパオーバー（いっぱいいっぱい）になりそうかな？」と思ったときに、まずはこの仕組みを理解しておくことは、とても役に立ちます。

これは自分の心と身体の健康を守るために必要な知識なのです。

※第1章の内容について、より理解を深めていただける動画を無料で公開しています。191ページにQRコードがあります。

Column

今日は無理しないで、「やれる分だけ」にする

キマジメさんは手抜きができず、サボるのが苦手で、人から頼まれると断れないことがよくあります。でも**今日は、「自分の役割に徹していい」と考えてみてください。**「やれることを、やれる分だけ」でいいのです。

あるキマジメさんが、こんな話をしてくれました。

「自分のタスクだけでなく、困っている同僚や後輩、チームのタスクまで引き受けて、毎日遅くまで残業をして体を壊す経験をしました。それでしばらく会社を休むことになりましたが……体調を崩さないと、自分は休むことができなかったです」

キマジメさんは「自分がやるべき」「困っている人は手伝ってあげないと」と思いがちです。自分自身が限界だと感じていても、「助けて！」と言えな

い人も結構います。休憩を取ったら取ったで、なんだか怠けているような気持ちになってしまいます。そうして、「自分が手抜きしたのではないか」「やるべきことをやらなかったのではないか」と、反省会モードになってしまうのです。これでは身体にいいわけがありませんよね。

あなたの身体は一つしかありません。そして、誰しも与えられた時間は1日に24時間しかないのです。自分に何かを押し付けてくる人がいたとしても、疑問に思うことは断っても構わないのです。それを自分に許可しましょう。**あなたはあなたのやり方で、自分がやれることを、やれる分だけやればいいのです。**

罪悪感を手放すことは、キャパオーバーを防ぐ近道かもしれません。

今日は、少しだけ力を抜いてみましょう。

自分一人で全部のことを、完璧にこなすことは無理なのです。ときには、できないことがあってもいいのです。

第2章

考え出すと止まらない「ぐるぐるの森」

考え出すと止まらなくて、
ずっと堂々巡りを続けてしまう。
こんな「ぐるぐるの森」で
迷子になることはありませんか？
感情を分解することで、
この森を抜けられるようになります。

人間の「感情」は潜在意識の中で占める容量が大きい

第1章ではパソコンの容量がいっぱいになるのと同じように、人間の容量もいっぱいになることがある、ということをお話ししました。この章では、どうやったら空き容量を増やしていけるかを、お話ししていきましょう。

パソコンでは、ファイルの容量が大きいのは画像や動画ファイルだということは、みなさんご存知ですよね。では人間の中で容量が大きいのは、何だと思いますか？

実は「感情」なんです。

感情は潜在意識の中で占める容量が大きいのです。パソコンに保存されている容量の大きな画像や動画ファイルのようなもの、と言えるかもしれません。

いったん感情にとらわれてしまうと、感情のファイルは容量が大きいのでフリーズを引き起こしやすくなってしまいます。過去に起きたことが繰り返し頭の中に思い浮かんで、堂々巡り……そんな経験はありませんか？

あることを思い出すと、ずっとそのことが思い浮かんで、前に進みにくくなってしまうことがあります。本当はできる人のはずなのに、気持ちが重く集中力が落ちてしまう、すぐに考えがフリーズしてしまう……そんなことはないでしょうか？

Case5

プレゼンでの失敗を思い出すと今でもイライラする営業職Eさん（36歳）

キマジメEさん：数年前に会社のプレゼンで大失敗してしまいました。そのときの恥ずかしさや、一緒に組んでいたチームメンバーと意思疎通がうまくできなかったことなど、思い出すたびにいまだにイライラしてしまいます。

そうなると仕事のモチベーションも下がってしまうんです。自分でもよくないと思うのですが、集中できなくなってしまいます。

Case6

喧嘩をしたときの夫の一言が忘れられずに重い気持ちになるFさん（30代）

キマジメFさん：共働き夫婦で、私も夫もフルタイムで同じように働いています。一度夫と喧嘩したときに、「君が家事をやらないから、自分の仕事ではないのに、仕方なく自分がやっている」と言われたことがありました。そのとき、夫は謝ってくれたにもかかわらず、何かあるとそのことが思い浮かび、重い気持ちになります。

普段は互いに支え合っているのに、あのときの情景を思い出すとやる気を失います。

かつて経験したことが意識に上がってきてしまい、前に進めない気持ちになってしまう。このようなことは誰もが経験したことがあるでしょう。

これは記憶の仕組みに関係があるのです。次の項目で詳しく説明します。

「感情の棘《とげ》」が突き出している記憶は、顕在意識に上がってきやすい

私たちの記憶の中には、たくさんのエピソードがしまい込まれています。その中でも繰り返し表面に出てきてしまうものには特徴があります。**それは、「感情の棘」が突き出しているものです。トゲトゲしていて、凹凸のある形のものは、表面に出てきやすいのです。**

記憶の中にある出来事（エピソード）をＵＦＯキャッチャーに喩えて説明すると、わかりやすいと思います。

問題のない記憶、日常的にノーマルなエピソードというのは、ＵＦＯキャッチャーで言えばツルッとしていて、つかみにくいおもちゃのようなものです。

しかしながら、「驚いた事柄」「嫌だった事件」「特に面白かった」などという感情

**感情に引っ掛かりのある記憶は
表面に浮かびやすい**

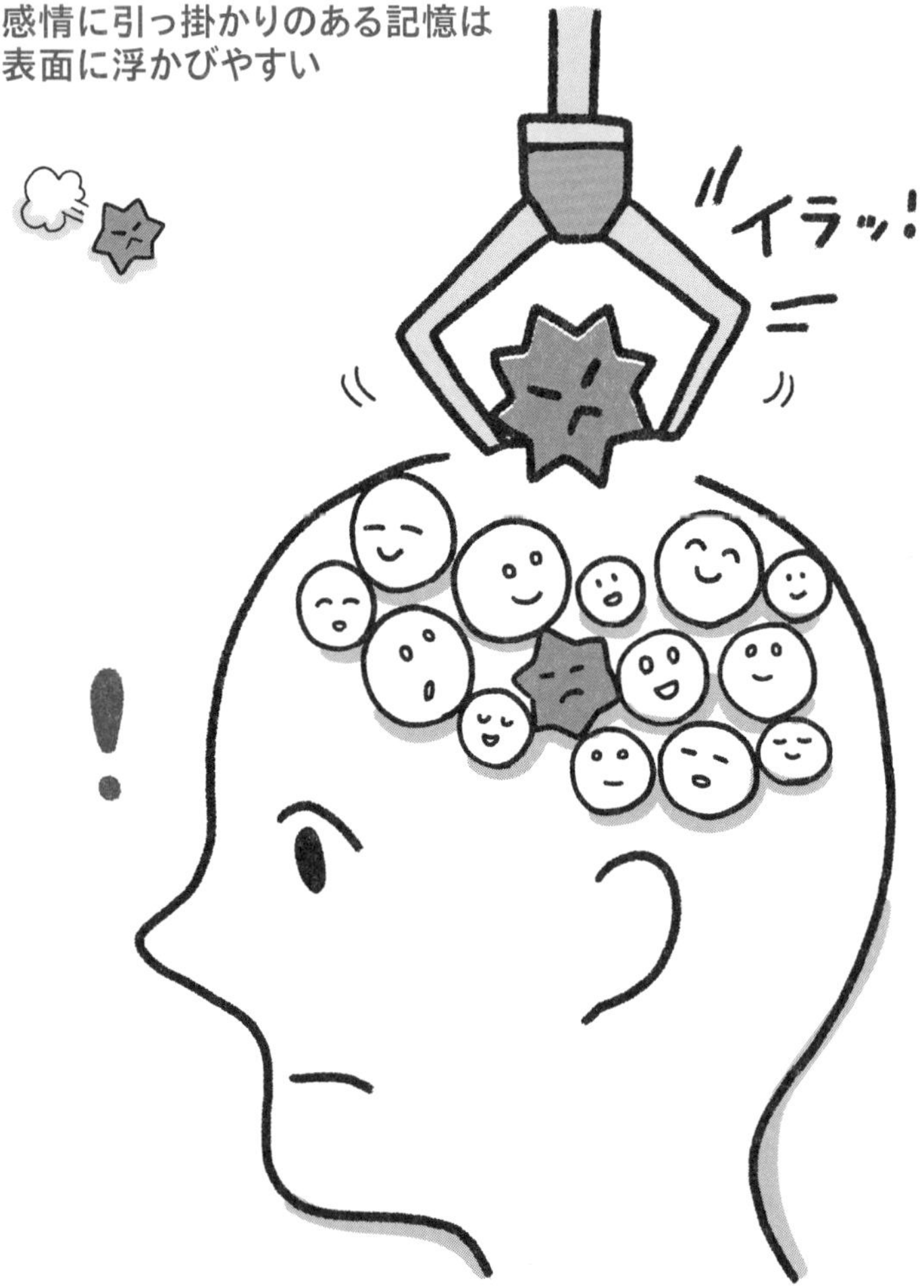

感情に引っ掛かりのある記憶は、UFOキャッチャーに喩えるなら
凸凹があってつかみやすいおもちゃのようなもの。

に引っ掛かりのある記憶は凸凹のある形のようなもので、つかんで取り出しやすいために、ふとしたきっかけで意識の表層に上がってきやすいのです。

引っ掛かりのある記憶は意識の表面に浮かびやすい

お誕生日の話を例にとってみましょう。

ノーマルにお祝いされた記憶は「ツルツルの記憶」＝「問題のないエピソード」なので、普段は収納されていて、取り出しにくい形になっています。

でも「お誕生日を忘れられた」とか、何か失敗した事件などがあると、引っ掛かりがあるためにつかみやすく、それだけ取り出しやすいので、思い出しやすくなるわけです。

結婚記念日を忘れたパートナー（笑）、ケーキをひっくり返してしまった失敗などの事件は引っ掛かりがあるために、たとえ数十回中のたった1回だったとしても、意識の表層に上がってきやすいということがあります。

だから、繰り返し繰り返し、思い出してしまうのです。

これらは「意識の表層に上がってきやすい記憶」ですが、もっとネガティブな感情をともなうものもあります。そうした記憶はやっかいです。一度浮かぶと、ずっと何度も何度も反芻《はんすう》してしまったりするのです。

例えば、些細なことで喧嘩別れしたパートナー、仕事上での理不尽な経験、友人からの心ない一言など……。その出来事を思い出すと、「どうしてあのとき、私は○○だったんだろう」「どうしてあの人は○○なのだろう」などと考え出し、いつまでも止まらなくなってしまうような記憶です。

私はこれを、「ぐるぐるの森」と呼んでいます。

それはまるで、ずっと閉じることのできないアプリが動いているようなものです。このアプリが常に稼動した状態になってしまうと、同じことばかりが頭をよぎって、多くの容量を使ってしまうのです。

解決する糸口も見つからないまま、ぐるぐると同じことばかりをずっと考えてしまう……。そう、まるで「ぐるぐるの森」で迷子のようになってしまうのです。

なかなか抜けられない「ぐるぐるの森」

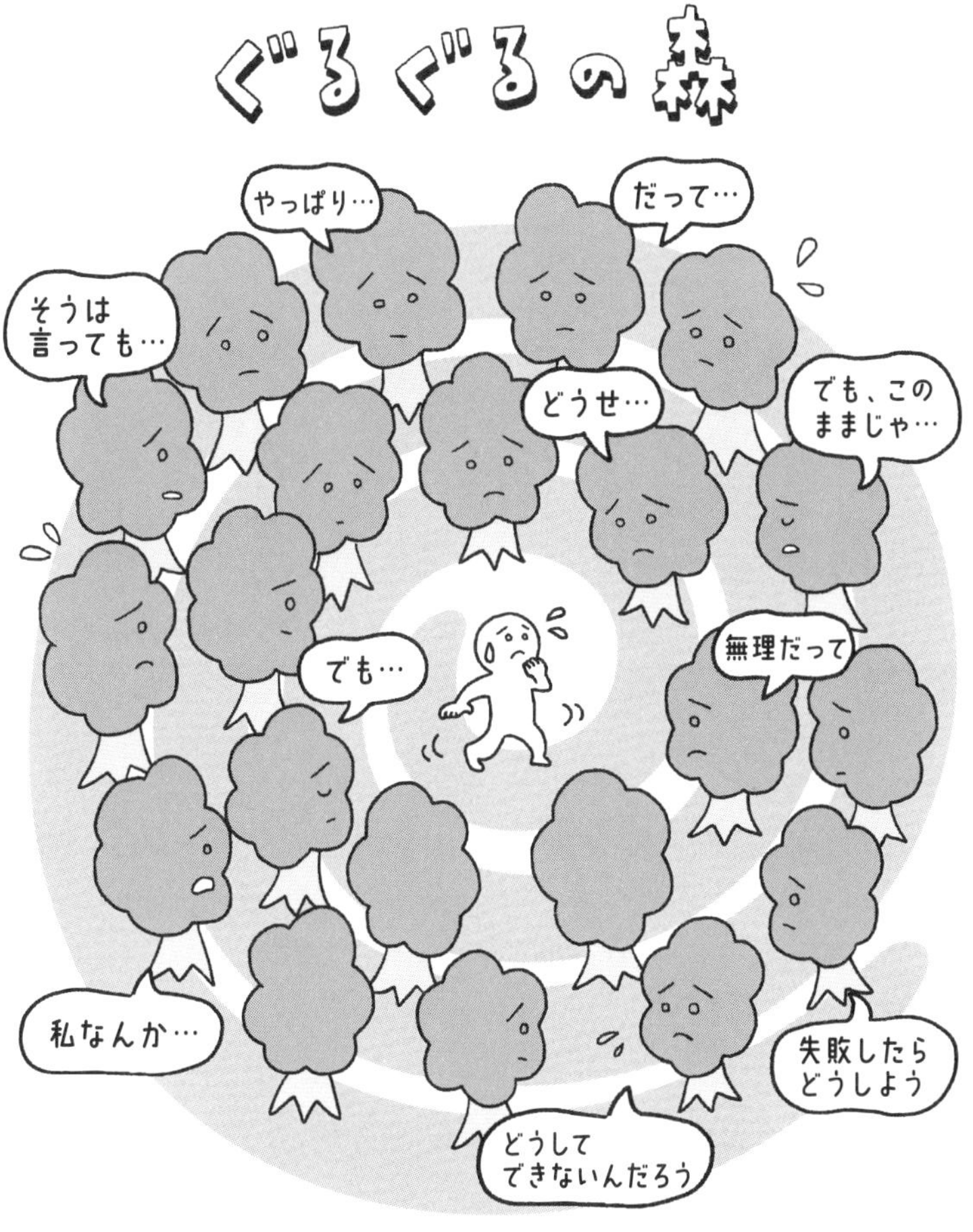

過去の失敗や理不尽な体験、自分の欠点などを考え出すと、「ぐるぐるの森」で迷いやすくなる。同じことがぐるぐると頭の中を巡って、動けなくなるのです。

感情は「第一感情」と「第二感情」に分解すると、容量を小さくできる

空き容量がなくなってくると新しい情報が入りにくくなり、入ってきたとしても、それを処理することができないことがあります。目の前のことしか見えず、いろんな情報がシャットアウトされてしまうのです。

このような状況までくると「完全にフリーズしている状態」になってしまって、どんどん自分を責めて、物事を否定的に捉えるようになってしまいます。

そうして、同じことをぐるぐると考え続ける「ぐるぐるの森」に入ってしまうのです。あまりにもその状態がひどくなると対策が難しくなりますから、そうならないうちに手を打ちましょう。

今この本を読めているということは、この知識をちゃんと頭に入れることができているということです。だからこそ今、しっかり理解してもらえたらと願っています。

感情は分解して小さくできる

頭の中でいつまでも同じことが堂々巡りする「ぐるぐるの森」。やっかいなこの森を抜けるには、「感情を分解して、容量を小さくする」のです。

思考の堂々巡りを止めて、どんどん前向きに進んでいきたいのなら、ファイルの容量を小さくする必要があります。

そのためには「より容量の大きなファイル」を、何とかしないといけません。つまり、**「感情を分解する」ことが、実に有効なのです。**

感情の容量を小さくすることで、空き容量を増やすことができるわけです。

感情を分解していくために、まず感情の構造についての話をします。

引っ掛かりのある感情、引っ張り出しやすい感情というのは、実はその中心に、もう一つ別の感情が隠れていることがあります。この仕組みがわかると、「引っ掛かりのある感情」が分解され、容量の小さいデータとなって、収納しやすくなります。

その結果、空き容量が増え、必要なデータ処理が可能になります。

つまり、「ぐるぐるの森」を出やすくなるのです。

ここでは、トマス・ゴードン博士が提唱した説に基づき、この感情の仕組みを用いた感情分解の方法について、実際のご相談の例も交えながらお話ししていきます。

感情には第一感情と第二感情がある

実は物事が起きたとき、最初に生まれるのが「第一感情」で、次に生まれるのが「第

二感情」という仕組みになっているとされています。しかしながら、人間は第一感情を認めるのが難しく、第二感情で覆っているような構造になっています。だから最初に意識されるのは第二感情であることが多いのです。

引っ掛かりのある感情として代表的なものの一つに、「イラっとする」、つまり「怒り」があります。これは第二感情で、実はその奥に隠れているのが「第一感情」です。次ページの図を見てください。

第二感情には、いろいろな感情があります。意識されやすいものに「怒り」がありますが、それ以外にもさまざまな感情があります。

最近では「アンガーマネジメント」という言葉もあるように、「怒り」という感情は注目されています。この感情を分解するだけでも、大きなメモリを解放することができます。

ところが人間とは面白いもので、自分自身で第一感情を認めることが、なかなか難しいのです。「第一感情を認める」ことは、自分の内側を素直にさらけ出すことになります。このとき、なぜか「負けを認める」ような気持ちをともなうために、認める

第二感情の内側に
第一感情が隠れている

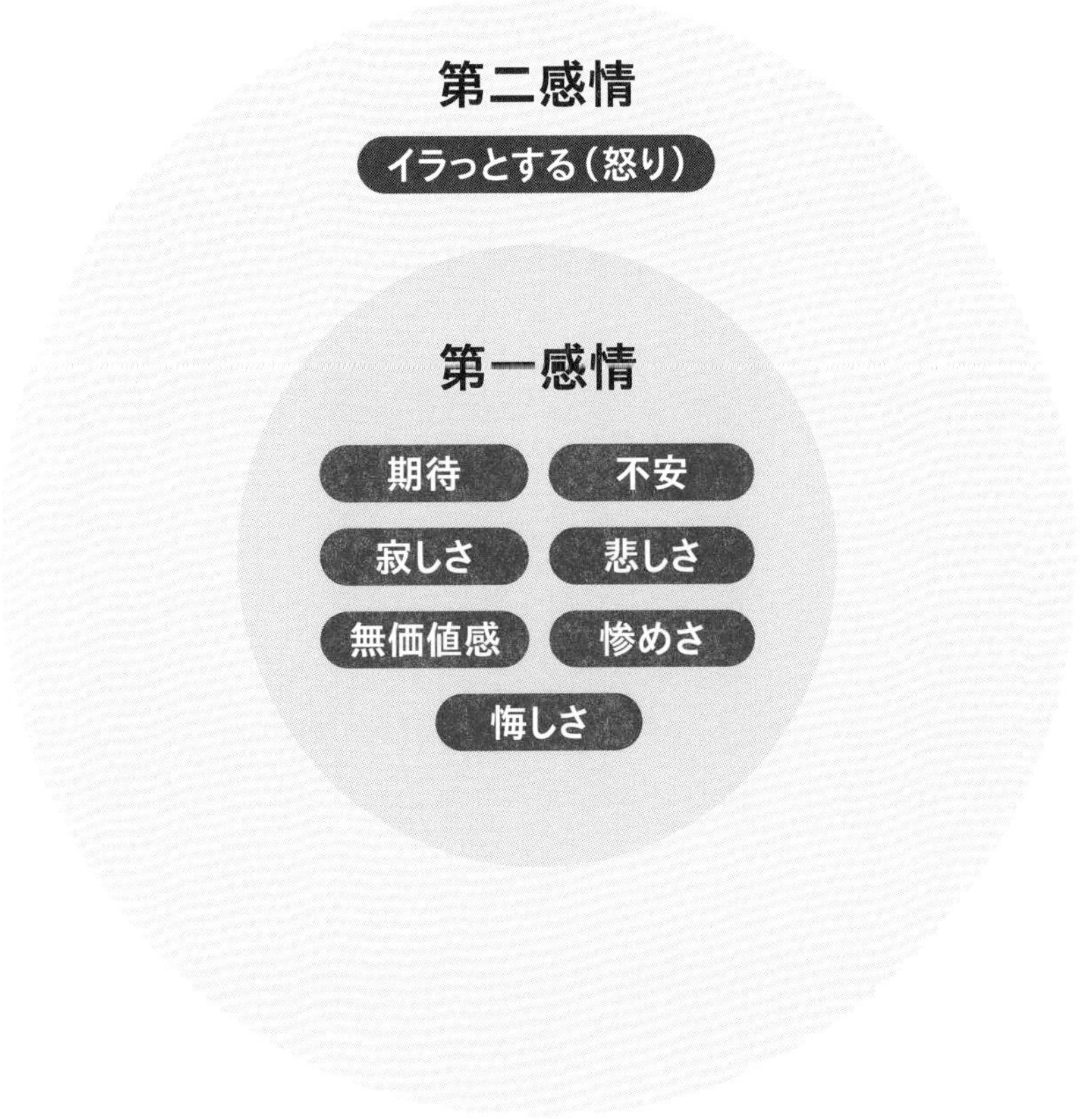

最初に感じるのは「怒り」などの第二感情で、
その内側に第一感情が隠れていることが多い。

のが難しいのです。例えば、「怒り」という第二感情の内側に、「自分を認めてほしい」という第一感情があったりします。「認めてもらえなかった」という寂しさ、悔しさといった感情が、「怒り」をまとって表面に出てくるわけです。

しかし、この第一感情を自分で認めて、無意識にそれを覆い隠していた第二感情を分解していくと、容量を小さくすることができます。

ここで営業サポートの仕事をしている、30代半ばの会社員・キマジメGさんの事例をご紹介しましょう。

Case7

先輩の荷物が自分のデスクにはみ出すと「馬鹿にされている」と感じていた営業サポートGさん（30代）

常にデスクも資料も整理して、営業サポートの資料をしっかりそろえておきたいと思っているキマジメさんのGさん。でも突然、「仕事を辞めたい」と相談にいらっしゃいました。

Gさん：もう仕事辞めます！　自分に向いていることを探して仕事を辞めたいんです。もうこの会社にはいられないです!!

濱田：何があったの？

Gさん：お隣のデスクの営業の先輩が、耐えられないんです！

濱田：先輩のどんなところが？

Gさん：先輩は、営業に飛び出して行って、帰ってきたらデスクにいろいろな書類やファイルを積み上げていくんです。先輩のデスクから書類の山がいつも崩れて、私のデスクにはみ出てきて、イライラするんです。仕事を頑張ってる自分のデスクに、隣から境界線を侵害して荷物がどんどん落ちてくるのが嫌で。1日に何回も押し戻しているんです。非常に怒りを感じるし、ストレスが溜まるんですよね。

濱田：じゃあこの感情を分解してみましょうか。

Gさん：イラッとくるものはイラッとくるんです。第一感情とかは別にないです!!　向こうが悪いのに、なんで私の感情を分解する必要があるんですか？

私の「感情を分解しましょう」という提案に、Gさんはかなり反発されていました。それでも第一感情と第二感情の仕組みについて説明して、実際にGさんに書き出してもらうと、彼女も徐々に感情分解ができるようになりました。

先輩のデスクのモノが自分の机にまで雪崩をうってくるたびに感じていた感情は、「怒り」「ストレス」「失望」でした。これが第二感情です。さらに分解してみると、第一感情として見えてきたのは「無価値観」「悲しさ」「惨めさ」でした。

「先輩は私のやっている仕事を認めてくれていない、価値を見出していない」という「無価値観」や、営業アシスタントである「私たちのことを馬鹿にしてるんだ」と感じる「悲しさ」、「私は認めてもらえていないんだ」という「惨めさ」。

Gさんは、自分の中にこのような第一感情が存在していたと気づいたのです。「荷物が崩れてくる」＝「認めてもらっていない」という感情が自分の中にあることに、Gさん自身も驚いていました。そして、「この感情を自分で認めるのは、最初は抵抗があった」と打ち明けてくれました。

Gさんの感情分解の図

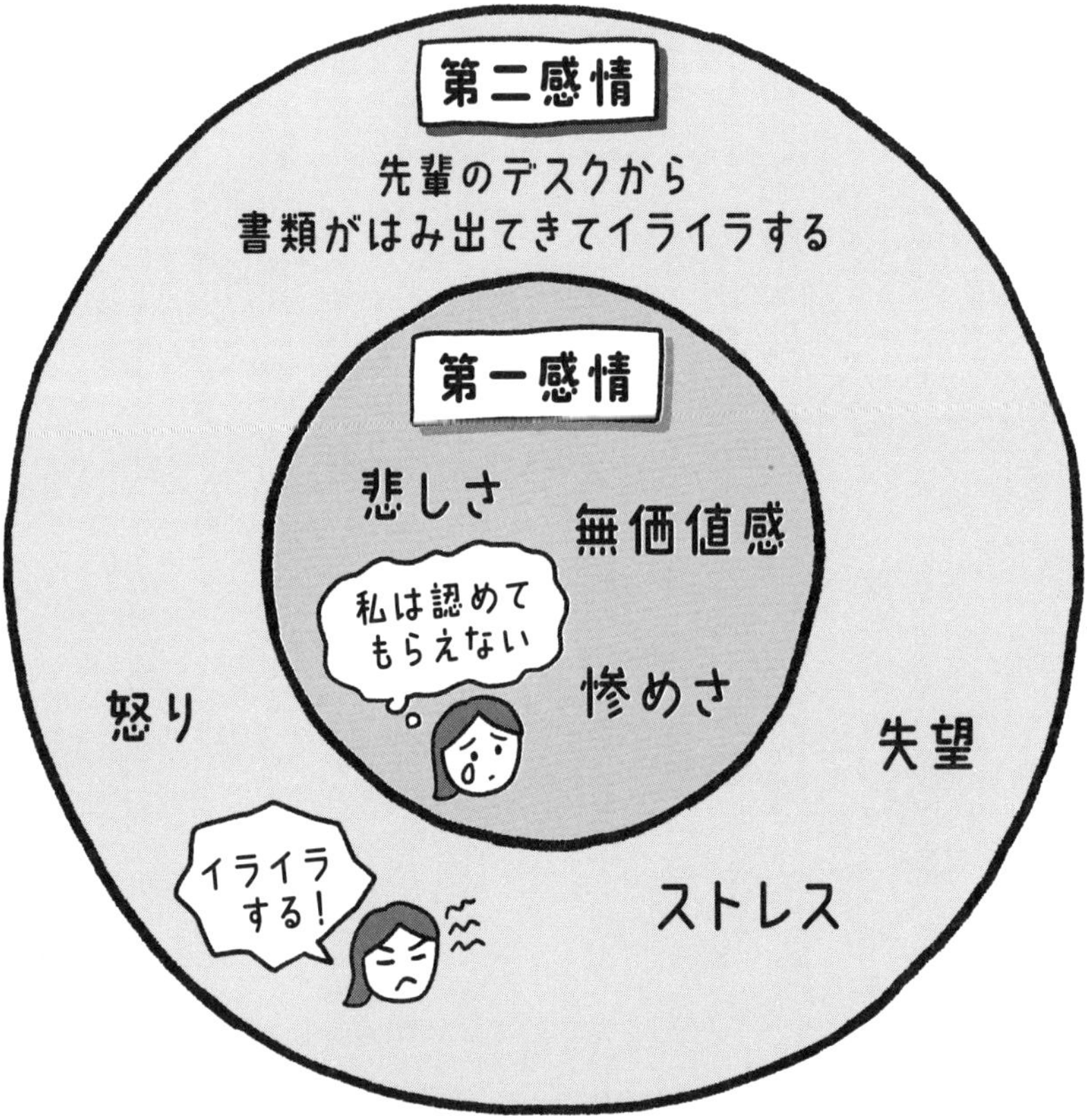

Gさんの「感情分解」の図。先輩の荷物が崩れてくることへの「怒り」の内側に、「無価値観」「悲しさ」「惨めさ」といった感情がありました。感情分解をしなければ、Gさんは自分の第一感情に気づきませんでした。

そうなのです。だから、第二感情が第一感情をくるむように発生してしまうのです。

「なぜか認めるだけで、最初は負けた気分になったのが不思議です。でも、認めると意外にすっきりしてきました」とGさんは話してくれました。

第一感情はなぜか認めるだけで、相手との「勝負」に「負けた気分」になるのです。面白いですね。これが第一感情を分解するときの感覚です。自分の中にある第一感情を認めるのは勇気が要《い》ります。それゆえ感情を分解することに、最初は抵抗を感じるのですが、これを分解することによって、第二感情が占めていた容量をずっと小さくできるのです。

濱田：このようにして「無価値感」「悲しさ」「惨めさ」を感じていたことを認めてみると、最初に感じていた「怒り」「ストレス」「失望」は、どうなっていますか？

Gさん：腹が立っていたはずが、怒りはどこかへ飛んでいってしまいました。冷静になってきた感じがします。

濱田：営業の先輩は、わざとあなたの机にはみ出しているのでしょうか？

Gさん：いえいえ、いい人なんですよ。たぶん、片付けが下手なんだと思うんですよね。

濱田：そうなんですね。あなたを馬鹿にして荷物を置いているわけじゃないんですか？

Gさん：たぶん、そこまで気がついてないと思います。いつも疲れ果てていて、忘れ物をしては取りに帰ってきて……。たぶん、先輩も余裕がないんでしょうね。

ここでGさんに、何が起きたのでしょうか。

第一感情と第二感情を分解することによって、ファイルのサイズが小さくなり、容量に余裕ができて、パソコンが正常に稼働し始めたのです。

すると、「あれ、この営業の先輩は、もしかして自分を馬鹿にしているわけではなく、余裕がないのではないだろうか？」と、〝物事を違う視点で見る〟という変化が、自然に起こったわけです。

第一感情と第二感情をしっかり分けて分解することによって、容量が空き、その新

しいスペースから新しい視点が生まれます。

このときに起きたのは、こんなメカニズムだったわけです。

これは後日談ですが、今では彼女が先輩に声をかけて、デスクの整理も任せてもらえるようになったそうです。おかげで先輩にも感謝され、おやつの差し入れも増えました。

デスク2つがスッキリと片付いて、彼女が使えるスペースも広がり、会社が快適な環境になりました。当初は「会社を辞めたい」と言っていたGさんですが、今でもその会社で仕事を続けています。

このGさんの事例は、感情分解によって気持ちが楽になった典型的なケースと言えます。

感情は整理すると容量が小さくなる

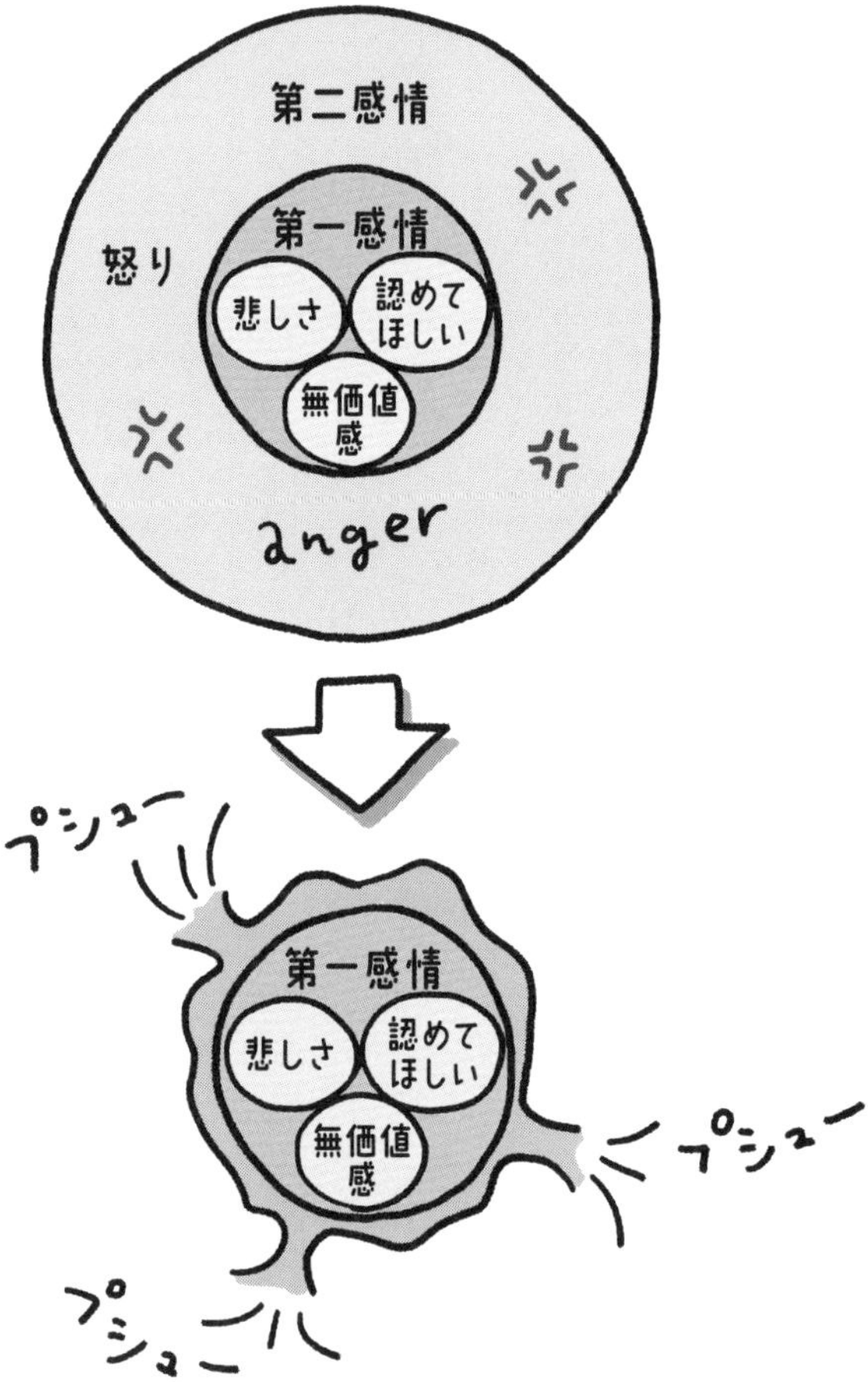

第二感情の内側に、第一感情が隠れていることが多い。第一感情に気づいて、その気持ちを認めることができると、第二感情は小さくなって、容量が空く。

Let's try work!

【感情分解のワーク】

あなたも実際に感情を分解してみよう

① あなたの日常でイラッとしたことはありますか？
外側の円にその出来事を書いてください。

② そのときに感じた第一感情は、どのようなものですか？
内側の円に、自分の内側にどのような気持ちがあったのかを書いてください。
いくつでも構いません。

③ 自分の第一感情に気づいて、どう感じましたか？

Let's try work!

【例1】

①上司にイライラしている。指示があいまいでよくわからず、一生懸命にやったのに、内容が違っていて注意を受けた。ムカっときた。ちゃんと指示を出してほしかった。

②わかってほしいという期待。わかってもらえず残念。悲しい。

③自分が上司に期待していたとは思わなかった。自分が「残念」とか「悲しかった」と感じているとは知らなかった。

【例2】

①仕事中に、小学生の子どもが「鍵を忘れて家に入れない」と連絡してきた。「昨日、言ったのに!」と、イラっとした。

②心配。仕事があって子どもに注意を払ってやれなかったという罪悪感。

③いつもつい怒ってしまうけれど、怒るよりも心配していること。仕事をしていることに、ときに罪悪感を感じてしまう……という、自分の中にある気持ちを子どもにちゃんと伝えようと思った。

上司が感情分解することで、部下がイキイキ仕事をするように！

次に、感情を分解することで部下への対応が変わり、部下たちがイキイキと仕事をするようになった会社員Hさんの事例を紹介します。

Case8

自分の感情を分解できて部下への対応が変わった管理職Hさん（40代）

「部下の仕事が遅くて」と、Hさんはいつもイライラしていました。その感情をそのまま抱いていると、仕事のパフォーマンスが落ちてしまいます。

そこで第一感情と第二感情を分解するワークをやってもらったところ、「自分は今、焦っているんだな」「不安になって、心配しているんだ」という第一感情が見えるようになってきました。

Ｈさんは感情を分解したうえで、それをきちんと伝える練習をしました。そうして、こんなふうに、優しい言葉で部下に伝えるようになったのです。

「これができあがらないと次の仕事に取りかかれない気がして、僕は不安なんだよね。申し訳ないんだけど、今の進捗状況を毎日報告してほしいのだけれど。期日に遅れそうなときは、数日前に把握したいんだ」

Ｈさんは、「僕が変わったとは思えないんだけど、周りが変わっていくんです」と言うようになりました。

Ｈさん自身は気づいておられませんでしたが、かつてのように厳しい表情ではなく、明らかに温和な笑顔になり、声の印象も変わっていました。

かつてのＨさんは常にイライラしていて、ピリピリした雰囲気がありました。そうすると周りにいる人は恐怖心を感じたり、緊張したりしてしまいがちです。イライラして恐い顔の上司に、部下の方は話しかけづらかったのでしょう。

感情を分解することの効果

以前は不安や焦りからイライラしがちだったHさんですが、自分の第一感情に気づき、伝え方を変えることで、部下がイキイキと働くようになり、チームの生産性が上がりました。

Hさん自身もイライラがどんどん減って前ほど焦らなくなった分、集中力が増してきたそうです。そして、意思の疎通が図りやすくなった部下の方は、のびやかに仕事ができるようになりました。今ではこまめに質問をしてきて、仕事も早く進むようになったのです！

感情はこのように周りにも影響します。感情分解することで、自分の気持ちが楽になるだけでなく、チーム全体の仕事もスムーズに進むようになるのです。感情はとても重要なファクター（要因）と言えますね。

Case9

「できません」と言えずつい抱え込んでしまうエンジニアIさん（30代）

エンジニアのIさんは、結婚した頃から頭痛と胃腸の不調を繰り返すようになりました。「俺って病気？」と思って病院に行って検査をしても、特に異状はありません。「なぜ自分はこんなにメンタル弱いんだろう、体力ないんだろう」と思っていました。

Ｉさんの一番の問題点は仕事量が多いうえに、人に頼めないことでした。上司についい、「できます」と言ってしまうのです。本当はとてもこなせる仕事量ではないのに、なかなか口に出せないのが悩みでした。

Ｉさんにとって「できません」と言うのは、かなり勇気が要ることだったのです。

Ｉさんはなぜ、自分がストレスを溜めているのかについて、まず「感情を書き出すワーク」（81ページ参照）をし、そこにどんな気持ちがあるのか、「感情分解のワーク」（71ページ参照）をやっていただきました。そうして、「できない」と言えない理由が見えてきました。それは「失望されるのがこわい」ということでした。

Ｉさんは長男だったので、お父さんに期待をかけられて育ちました。「期待に応えなくちゃ」と無意識に考えてしまう傾向があったのです。「上司の期待に応えなくちゃ」「期待を裏切ってはいけない」という思いが根底にあることが、自分自身と向き合うことで見えてきたのです。

納期に遅れそうなら早く伝えたほうが、トラブルにもならず合理的です。でもIさんは、頭ではそうわかっていても、それを伝えることは「ハードルが高い」と感じていました。この感情分解の図を見たとき、そのことに気づいたそうです。

上司に伝えられない理由は、「失望されることへの怖れ」でした。それに気づいたら、「なんだ、そんなことを投影していたのか」と思うようになったそうです。

彼は思い通りにならない営業さんやお得意先、両親に対して溜めていた感情を吐き出すために、「感情を書き出すワーク」をしました。自分でもビックリするほど汚い言葉が出てきたそうで、「こんなに溜まっていたのか」と実感したと言っていました。

ところが全部書き出してみるとスッキリしてきて、「本当はみんな悪い人じゃないのに」「すごくよく頑張ってるのに」と気づくようになったのです。感情を全部吐き出さないと、こうしたことに気が回らなかったとおっしゃっていました。

「みんな自分に無理を押し付けてくる人だと思っていた」と、感情を書き出して、分解した途端に気づいたのです。

人はこのように感情を抑圧して、圧縮ファイルのように溜め込んでいることがあり

ます。これを解凍し、不要なものを整理してリリースすると、小さなファイルへと書き換えられます。その結果、容量に余裕ができたことで視点が変わり、周りの人への考え方が変化します。Iさんは現在ではお腹を壊したり、頭痛がしたりして会社を休むこともなくなりました。

このように感情を分解するだけでなく、感情を吐き出すことにより、自分の空き容量を増やすことも大切なのです。

あなたもキャパオーバーを感じるなら、一度騙されたと思って次の「感情を書き出すワーク」をやってみてください。実際にやってみると、気持ちがスッとする効果を実感していただけると思います。

※第2章の内容について、より理解を深めていただける動画を無料で公開しています。191ページにQRコードがあります。

ちょっとやりすぎていたかな？」など、視点が変化し始めます。

「この人が悪いと思っていたけど、こういう理由もあるのかな？」「こっちも悪かったのかな。あの人はこうだったのかな？」「もしかして、これを認めたくなくて、この人を責めてるのかな」など、捉え方が変化します。

このように視点が変わるまで、書き続けてください。

これは短時間でやるのがコツです。長時間にわたって悪い感情を書き続けるのは、それはそれでよくありません。なぜなら、そのことを長く考えると「ぐるぐるの森」へ逆戻りすることがあるからです。だいたい5分から10分、長くても15分以内で書き出しましょう。

④書き出したら、見直します。そして紙に大きく×（バッテン）をつけて、紙をビリビリ破って捨てます。

相手への感情の視点が変わる。これが、ファイルのサイズが小さくなり、視点が変化したサインです。いったん吐き出さない限り、容量が空いて、正常に動くことはできないのです。

Let's try work!

【感情を書き出すワーク】

内側に溜めた感情を、言葉にして書き出すことで吐き出し、圧縮ファイルを解凍・整理して、小さなファイルへと書き換えるワークです。実際に行うとすっきりするのが感じられます。

ではここで、簡単なやり方をご紹介しましょう。紙とペンを用意してください。

①まず、今抱えているイライラする問題、人について書いてみてください。

②その対象者・もの・事柄に対する感情を思いっきり書いてみてください。

この紙はあとで捨てますから、普段は口に出さないような悪口も書いて大丈夫です。このワークでは「タブーを犯す」ことがとても大事です。罵詈雑言も思い切って書き出します。

とにかく心の中にある感情をいったん外に出すことです。「虫が好かない」「意味わかんないけど嫌い」「どうしても許せない」「存在自体が嫌だ」「もう見るのも嫌だ」などなど……。

③しばらく書き出していると、「ちょっと書きすぎたかな?」「私も

Column

言いたいことは、相手にきちんと伝えるようにする

あなたは周りの人たちに、自分が言いたいことを、きちんと言えているでしょうか？　日本の社会は空気を読むことを重んじます。本当は言いたいことがあっても、思うようには口にできないことも、よくありますよね。

でも、**溜め込むのは、あまりいいこととは言えません。**

言いたいことを言わずに我慢していると、ストレスを抱え込むことになります。無意識に歯を食いしばっている人や、喉のあたりに違和感を覚える人もいます。そのうち身体に不調を覚えるようになるかもしれません。便秘になる人や、胃腸の緊張に現れる人もいます。

そうやって心の中にいつもモヤモヤがあると、人間関係に影を落としたり、仕事のモチベーションが下がったりすることもあります。

お互いを理解し合うために、自分が言いたいことを伝えることは、とても重要です。伝えることで、相手にも気づきがあります。心の距離が縮まることも多いでしょう。

私も典型的な日本人タイプなので、以前は思ったことをうまく伝えることができませんでした。「こんなことを言ったら、嫌われるのでは……」と、嫌われることを極度に怖れていました。

ですが、こういう考え方をしていると、かえって物事をややこしくしてしまいます。言うべきこと、伝えるべきことを飲み込んでしまった結果、行き違いが起きてしまうケースは多々あります。問題が起きるときというのは、当事者同士でどんどんややこしくしてしまっていることが多いのです。

言うべきことはきちんと伝えるようにしたほうが、物事がシンプルに良い方向に進むことが多い。このことを心に留めておいてください。

何か疑問があれば、すぐ相手に質問して確認するようにしましょう。素直な気持ちですぐに聞けば、問題が小さなうちに、認識のズレを修正することもできます。相手に直接伝えることが大事なのです。

とはいえ、どのように伝えるかも重要です。相手の気持ちを思いやって、できるだけ丁寧に伝えることも大切です。

これからはぜひ、「意識的に伝える」ことにチャレンジしてみてください。最初はうまくいかないこともあるでしょう。でも少しずつ練習していくことで、必ずうまくなります。勇気を出して、仕事でも人間関係でも、「意識的にきちんと伝える」ことを自分のテーマにしてみてください。

第3章

「WHY?」という問いかけをやめてみる

行動を起こす動機づけに
有効だとされて、ビジネス書でも話題の
「WHY?」という質問。
でも、この質問を間違って使うと、
「ぐるぐるの森」から
抜けられなくなるのです。

人が行動を起こすときには、それなりの理由が必要

過去の出来事がいつまでも頭の中をよぎってしまい、前向きになれなくて苦しんでいる人と出会ったことはありませんか？　また、あなた自身もそんな経験をしたことはありませんか？

例えば、やらなくてはならないことがあるのに、苦手意識があって、つい一日延ばしにしてしまうことはないでしょうか。「あのときは失敗したから、今度はちゃんと用意をしなくちゃ」「いろんな人に根回しが必要だな。面倒臭いな」「でもまぁ、明日でもいいか」と同じような考えが頭を巡って、一歩を踏み出す気になかなかなれないというようなことです。

「もっと前向きになりたい」「モヤモヤする気持ちをすっきりさせたい」と思うこと

は誰にでもあります。

「失敗したらどうしよう」と不安になったり、「周りにどう思われるかな？」と人目が気になることもあります。

「変化することがこわい」などという漠然とした理由で、なかなかチャレンジできないこともあるでしょう。

キマジメさんほど「ちゃんとやりたい」という気持ちが強いので、余計に立ち止まって考え込んでしまい、行動できなくなってしまうことがあるのです。言ってみれば、「ぐるぐるの森」に入ってしまい、ずっとぐるぐるしている状態です。

こんなときは、どのようにしたら行動を起こせるようになるでしょうか？

この章では「ぐるぐるの森」を抜け、行動を起こしていくための仕組みや動機づけについてお話ししたいと思います。

人が動く「動機」には、「内発的動機づけ」と「外発的動機づけ」がある

「やらなければいけないことを仕方なくやる」人と、「楽しくワクワクしながらやる」人がいたとします。前者と後者では、取り組むスピードにも結果にも、雲泥の差が出てきます。

自分の好きなことを楽しんでやっている人には、かなわないですよね。

機械と違って、人間は意欲を持てるか否かによってパフォーマンスが左右されます。別の言い方をすると、動機づけには大きな可能性があるということです。

「動機」という言葉は、「動く機」と書きます。これが人間に行動を起こさせるのです。

リーダーシップ論を提唱しているジョン・アデア氏によると、この「動機」には大きく分けて2つあります。「内発的動機づけ」と「外発的動機づけ」です。

「内発的動機づけ」とはどんなもの?

「内発的動機づけ」とは、どのようなものでしょうか?

例えば赤ちゃんは、「これはどんな味がするんだろう?」「どんな感触だろう?」と好奇心でいっぱいです。ワクワクして「触りたい」と手を伸ばして触ったり、口にものを入れたりしますよね。

大人だってSNSで美味しそうな料理やスイーツの写真を見たら、つい「いいね」を押してしまったり、「私も食べたい」って思ったりします。「楽しそう」って思うようなイベントがあったら、自発的に参加したいと思いますよね。

こんなふうに誰から言われたわけでもなく、内側から興味や関心がわくのが「内発的動機づけ」なんです。

「外発的動機づけ」は二段階に分かれる

これに対して、「〇〇が手に入るから△△する」というふうに考えるのが「外発的動機づけ」です。そのこと自体をしたいというよりは、その結果得られるものが欲しくて行動するのです。例えば「お給料が手に入るから仕事する」というように。

この「外発的動機づけ」は、二段階に分かれています。

第一段階は「××しないといけないからする」というもの。これは強制されたような気持ちが働き、なかなかモチベーションが維持できず、正直言ってしんどいと思います。「××でならなければならない」という思いでは、やがて動けなくなってしまいがちです。

しかし第二段階になると、その行動をすることが、「自分の人生にとってプラスになる」「自分が成長できる」「人生にこういう目標があって、だから今これをやっている」などと考えられるようになります。その行動が、自己成長や、自己価値を高めていくことにつながると理解できるようになるのです。

目的意識がはっきりしていれば、前向きに取り組めるようになります。こんなふうに結果として自発的に動けるようになるのが、二つ目の「外発的動機づけ」です。

つまり行動を起こしやすくするには、「何のためにやるのか？」という原点に立ち戻って考えることが大切なのです。

未来に役に立つことがわかればモチベーションを維持できる

話が少し逸れますが、娘が小学校の低学年だった頃、こんな質問をされたことがあります。「どうして算数をやらないといけないの」「そもそも算数って、どうしてこの世にあるの？」と。娘はちょうど掛け算の九九を習い始めた頃でした。

「電卓があるのに、どうして算数をやらなくちゃいけないのか？」と問われて、私は大人としてどう伝えるか考えました。

そうして、こう答えました。「確かにそうね。実際に算数は要らないかもしれないよね。でも、もしかしたら将来、仕事の中で苦手な作業があるかもしれないでしょ？そのときに最後まで放り出さないような、忍耐力をつけるのには役立つかもしれないよね」と。

それを聞いた娘は不思議そうな顔をしていましたが、「まあ確かにそれは言えるかもしれない」と言って宿題に戻っていきました。

子どもでも、「それが自分の未来において役に立つかもしれない」ということが理解できると、内発的動機づけはできなくても、外発的動機づけの第二段階として、納得して前に進めたりします。

動けなくなったときは自分に動機づけをしてみる

私たちが毎日している作業について、「何のためにやっているのだろう？」と思うこともあるかもしれません。でも、「あとで自分自身の役に立つかも」「これをやっておくと、成長になるよね」「誰かに喜んでもらえたらうれしい」という動機づけができれば、どうでしょう？　その作業自体は楽しくなかったとしても、モチベーションを維持できると思いませんか？

私も一つ一つの行動や、特に苦手なことに取り組むとき、このように「将来の私にとっては、役に立つかもしれない」などと、あえて自分に動機づけをすることによって動きやすくなるようにしています。

もしあなたが今「ぐるぐるの森」に入っているのだとしたら、視野が少し狭くなっているのかもしれません。そんなときはちょっと時間を取って、「今、これは何のためにやっているのか」「プラスになることはないか」と見直してみてはいかがでしょうか。

今の状況を俯瞰《ふかん》することができると、「ぐるぐるの森」から出やすくなります。こうして動機づけについて考えることは、今やっていることに対する視点を変えることにつながります。

自分の状況を俯瞰してみよう

カメラで上空から
自分を撮っているとイメージ
ぐるぐるの森
森の外はお花畑…

自分が今、どのような状況にいるのか俯瞰してみると、「ぐるぐるの森」から出やすくなります。自分をカメラで見下ろすようなイメージをしてみましょう。

「ぐるぐるの森」にいると、「WHY?」の答えが出てこないこともある

今ビジネス書や自己啓発書では、「WHY」という質問が注目されています。モチベーションを上げるためになぜそれをやるのか、つまり「WHY」と自らに問いかけて動機づけをすることが重要だというものです。有名なものにサイモン・シネック氏が提唱した「ゴールデンサークル」があります。『WHYから始めよ!』（日本経済新聞社）という本がベストセラーになりました。

人を動かすリーダーになるには「なぜそれをするのか」ということからすべてスタートすることが重要であるというのが、このゴールデンサークル理論です。これはリーダーシップに有効な理論と言われており、アップル社はこの考えを取り入れて、新

しい商品を生み出しています。

でも、「WHY」という質問には、落とし穴もあるのです。このことについて詳しくお伝えしましょう。

「WHY」を間違って使うと「ぐるぐるの森」を抜けられなくなる

実は、先ほどご紹介したようなビジネス書を読んで、本に書いてある通りに「WHY」を使わねば……と思っているキマジメさんは、多くおられます。

しかし、すでに目標がクリアな人もいれば、そうではない人もいます。

リーダーシップをとって自らサクサク動き、目的意識がはっきりしていて、方向性がクリアな人たちは「WHY」という質問をしっかり使い、そして人を動かしていくことができるでしょう。

でも、目標設定や方向性がクリアだと言える人ばかりではありませんよね。

　自分がどこを目指しているかがはっきりしている人は全体の中で2割と言われています。まだ迷っていて、どこを目指しているのかもう少し思考を整理するために、自分と向き合う時間が必要な人が6割、そして、少々心が疲れてしまって、寄り添ってくれるカウンセリングのようなアプローチが有効な人たちが2割いると言われています。

　ここで私が「WHY」

サイモン・シネック氏のゴールデンサークル

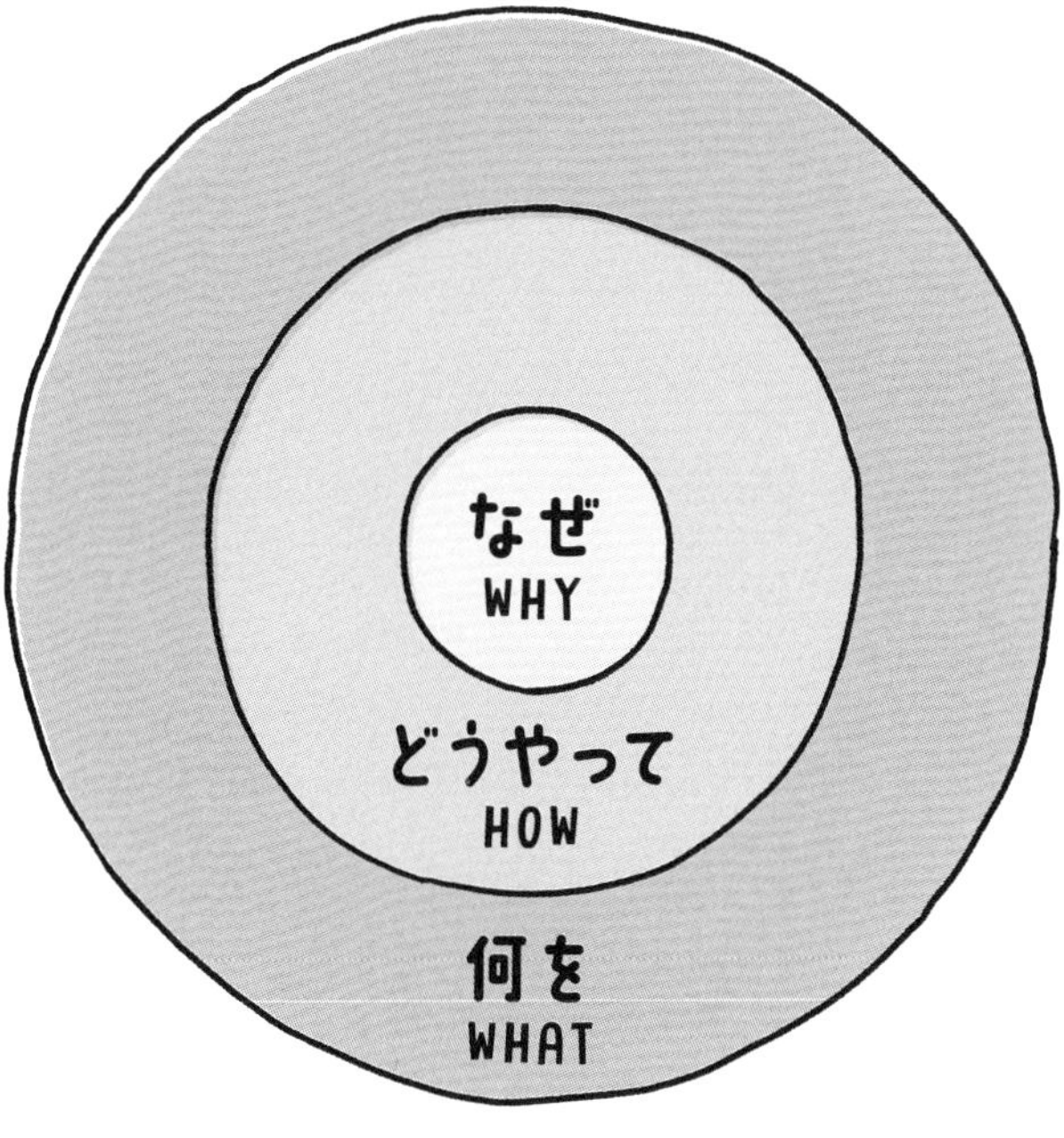

優れたリーダーは、「WHY（なぜ）」→「HOW（どうやって）」→「WHAT（何を）」の順で人に思いを伝えることができている。そのため、人に共感してもらいやすく、成果も上げられるとされる。

の落とし穴についてお伝えしたいのは、この6割のみなさんです。**この6割のみなさんに重要なことは、逆に「WHY」をやめることなのです。**どうしてそれが必要なのか、説明しますね。


「ぐるぐるの森」にいるとき、あなたはこんなふうに問いかけていませんか？

なぜ自分はできないのだろう……。

なぜ前に進めないのだろう……。

なぜ○○なのだろう……。


これらの質問をよく見てください。質問の上に「ＷＨＹ」がついていることに気づいたでしょう？

そうなのです、ネガティブな内容の上に「ＷＨＹ」をつけてしまっています。

私たちの潜在意識は、何か質問を投げかけると、無意識のうちにずっと答えを探し続けるという性質があります。ある種の自動検索機能のようなものです。

そのため、右のようなネガティブな問いを投げかけると、潜在意識がその答えを検索し始めます。ネガティブな質問に、前向きな答えは出てきませんよね。そうして、「できない理由」が頭の中を巡ることになってしまうのです。

実際、モチベーションが上がらなくて前に進めない「ぐるぐるの森」にいるときに、このような「WHY」という問いかけをしている人が結構います。

「WHY」の使い方をすると、出てくるのは前に進むための理由ではなくて、「ぐるぐるの森」に居続ける理由になってしまいます。「だって○○だから……」「そうはいっても○○だし……」というネガティブな答えが頭の中を巡ることになってしまうのです。

無限にこのようなマイナスの検索をかけ続け、自分を責めて余計に落ち込んでいく……。そんなループに入ってしまうキマジメさんは多いのです。

次の項目ではこの自動検索について詳しくお話ししましょう。

知らないうちに、潜在意識は自動検索を続けている

テレビのコマーシャルや街でタレントさんを見かけたとき、「この人見たことある！名前なんだっけ？」と思うことはありませんか？

そのときは名前を思い出せなくてモヤモヤして、その後、別のことをしているときにふと、「女優の○○さんだ！」「俳優の△△さんだ」と、名前を思い出すことはないでしょうか。私はよくあります。

これは、潜在意識が自分自身のデータベースに、知らず知らずのうちに自動検索をかけるという機能を使っているのです。

私たちには、質問形で問いかけると、ずっと答えを探し続けるという機能がありま す。これは無意識に動いている働きなので、普段はそれを意識できません。

でも先ほどのタレントさんの名前が忘れた頃に浮かぶことからわかるように、実はずっと検索し続けているのです。

「WHY」という質問でできない自分を責めていないか?

この便利な機能をマイナスに使っていないか、考えてみてください。

キマジメで謙虚な人ほど、夜寝る前にひとり反省会をしがちです。


「なぜあんなことを言ってしまったのだろう」

「なぜ前に進めないのだろう?」

「どうしてもっとサクサク処理できないのかな?」

「なんで他の人みたいに、もっと要領よくできないのかな?」

「なんで私って、こんなに能力低いのだろうか」

「僕って、なんでダメなのだろう」

自己否定的な自動検索をすることで、知らないうちに「できない理由」＝「ぐるぐるの森に居続ける理由」で頭の中がいっぱいになり、前に進むことが余計に難しくなる……こんなことが起きてしまうのです。

これはこわいことですよね。

さらに、ここで内省的な性格の人は、「自分の能力が低いせいだ」と自分を責めてしまうパターンになりやすく、一方で攻撃的な性格の人だと、「あいつが悪い」「周りが悪い」などと、自分の外に理由を探すパターンになりやすいのです。

キマジメさんほど、寝る前に一日を振り返ってひとり反省会をしがち。そうして眠れなくなったりします。

ここでスマホの喩《たと》えを思い出してみてください。知らないうちに何かが起動している……そんな場合、せっかく充電しておいたのに、あっという間に電池切れを起こしてしまいます。そんな体験はありませんか?

つまり、矢印の先が自分に向いていても、外に向いていても、電池(エネルギー)を浪費してしまうのは同じことなのです。これでは、とても疲れやすくなります。

自分を責めるのも、他人や環境のせいにするのも、エネルギーの無駄遣いをしているという点では、同じなのです。

この「WHY」という質問をやめない限り、「上司が悪い」「部下が悪い」「会社が悪い」「奥さんが悪い」「ダンナが悪い」「自分が悪い」「子どもがいるから」などと、延々と犯人探しの自動検索が続きます。

このように犯人探しをするだけでも、かなりのエネルギーを浪費しますし、さらにメモリの容量も使います。しかし、この検索の質問の仕方を変えていくことで、ここから抜け出す方法が見つかります。

「ぐるぐるの森」から抜け出すには、「WHY?」ではなく「HOW?」でトレーニング

前の項目では、「WHY」という質問は、場合によっては動けなくなる原因にもなることをお話ししました。

それでは、自分に対してどんな質問をしたらよいのでしょうか?

例えば今あなたが「どうして自分には時間がないのだろう?」と問いかけていたとします。自分が前向きに動けるようになるためには、これを単純に「どうしたら時間ができるのだろう?」という文章に書き換えるのです。つまり、「WHY(なぜ)」ではなく、「HOW(どうしたら)」に変えればいいのです。

これまでは「なんでこのプロジェクトは進まないのだろう？」と「なぜ（WHY）」で問いかけていたとします。でも、これでは「できない理由探し」が始まってしまいますから、今度は「どのように（HOW）すれば、このプロジェクトが前に進むのだろう」という質問に変えるわけです。これだけで、思考の方向がどんどん変わってきます。

質問を変えるだけで変化のスピードが加速

方向が変わるだけではありません。これまで「できない理由探し」をして

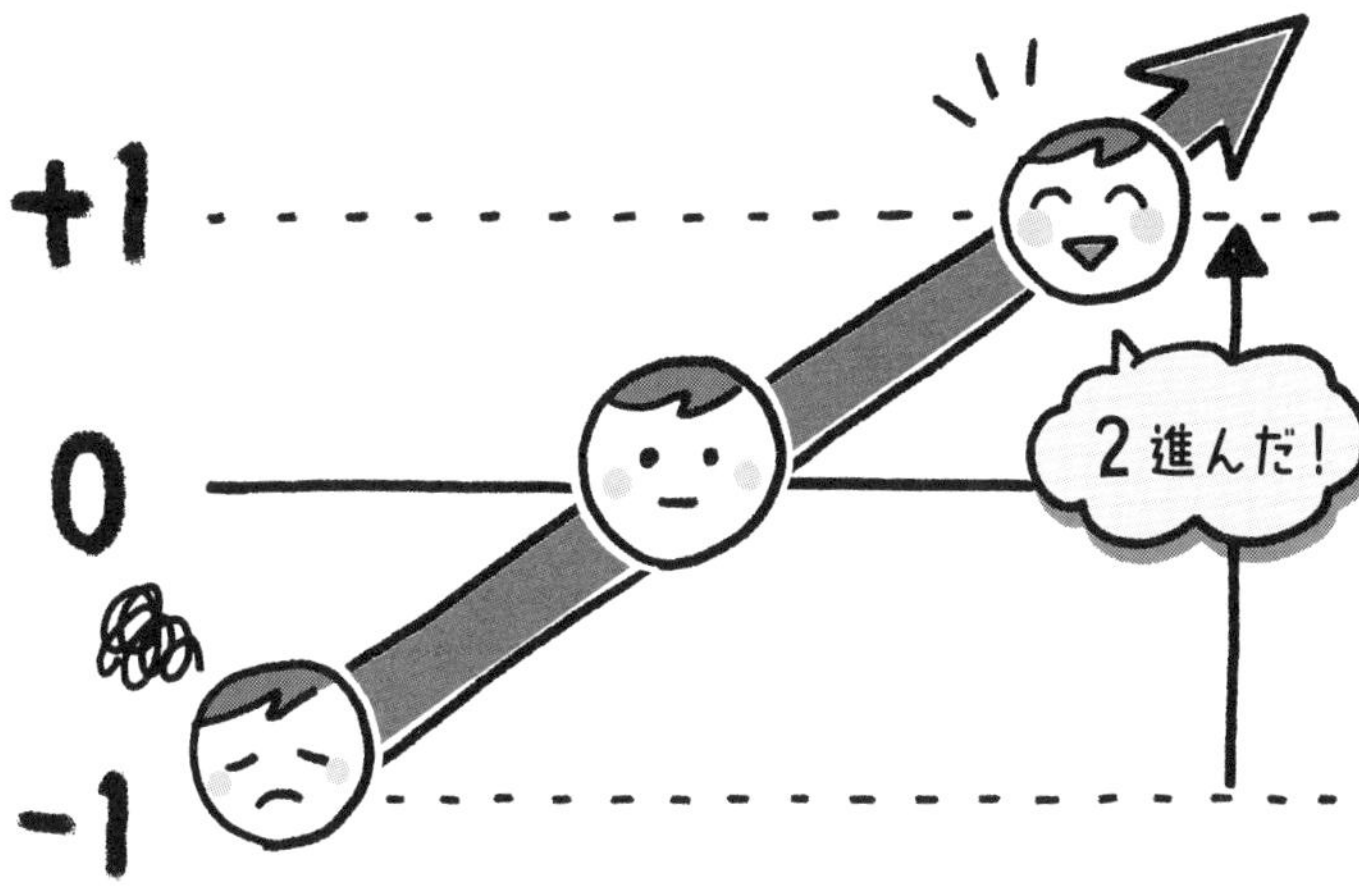

「マイナス1」から「プラス1」になるということは、2進んだこと！

エネルギーの無駄使いをしていたのが、その浪費がなくなり、前に進む方向へと使えるようになります。

つまり105ページの図のように、マイナス方向への検索に使っていたエネルギーを、プラスの方向への検索に使ったらどうでしょう。

これまではマイナス1だったのが、プラス1になります。マイナス1だった状態から、プラス1に変わるということは、2進んだことになります。質問を変えることによって、変化のスピードがどんどん加速するのです。

五感を使って「HOW」の質問を意識の中に書き込む

人間の思考のクセは簡単には変わらないものです。普通にしていると、おそらく「なぜ私って……」という「WHY」の質問が頭に浮かぶでしょう。そんなときは、「違う、違う」と意識して、「どのようにしたら○○は解決する?」と質問を書き換えるのです。

意識的に「こっちが優先だよ」と認識させるために、「HOW」で書き換えた質問を口に出したり、書いたり、目で見たりします。視覚や聴覚など五感を駆使して、「HOW」の質問の優先順位が高いことを、意識の中に書き込むのです。

次に紹介する「ベクトルのワーク」(109ページ参照)を繰り返しやってみてください。

①あなたが望むこと、やりたいことは？

③どのようにすれば、○○は解決できる？

②行動を起こせない原因は？（不安・怖れ・心配など）

Let's try work!

【ベクトルのワーク】

①まずあなたの望むこと、やりたいことを箇条書きで書き出してみましょう。タイマーを使って2分間で書き出してください。仕事のことだけでなく、プライベートなことを書いてもOKです。

②この書き出した内容について、できない理由、無理だと思っている理由、不安や心配に感じていることを、マイナスのベクトルに書き出します。これも箇条書きで、2分で正直に書いてみてください。

③この②で書き出したものを一文ずつ、「どのようにしたら○○は解決する?」と質問形に書き換えます。一つ一つ省略せずに、「HOW」で質問する文章に書き換えてください。こうすることで、あなたの潜在意識が解決策について、自動検索をかけるようになります。

自分を責めてばかりいた人が「ぐるぐるの森」を抜け出した！

ここで「感情を書き出すワーク」（81ページ参照）や「ベクトルのワーク」（109ページ参照）を行って、「ぐるぐるの森」から抜け出した方の事例をお話しします。

Case10

人付き合いが苦手で苦労していた経営者Jさん（40代）

Jさんは経営者でありながら、人と会話をするのが苦手でした。人に会うのがあまりにも辛くて、嫌で嫌でたまらなかったのです。いつもたいへんな決心をしてから出かけていました。

取引先に出掛けるたびに「行くぞー！　行くぞー」と気合を入れて、1回行くだけで「ハアー」と大きなため息をついていました。だから訪問後にはすごく疲れてしまうのです。

Jさんは「自分はどうして、こんなに人に対してぐずぐずしているのかな」とよく話しておられました。「なんでこんなに人付き合いが苦手なんだろう……」と自分を責め続けていました。これは、「なんで自分ってダメなのかな？」と、ダメな理由を自動検索してしまう典型的な例です。

そこで、その要因がどこにあるのか、よくよくお話を聴いてみました。

するとJさんにはお兄さんがいて、とても賢くて社交的な人だということがわかりました。いつもお兄さんと比較して、自分が失敗したり、できないことがあったりしたときに、自分にダメ出しするクセがついてしまったそうです。

そこでJさんにはまず、「感情を書き出すワーク」をやってもらいました。お兄さんだけでなく、厳格だったお父さんやお母さんに対しても、感情を全部書き出していただきました。

そうしてネガティブな感情を思い切ってすべて紙に書き出せたとき、今度はほめられた思い出が出てくるようになりました。

Jさんは技術工作が得意で、夏休みの宿題の工作でほめられた経験がありました。それから学校の成績は、実はお兄さんより良かったことも思い出しました。

「そうだ！　自分って、賢かったはずだ!!」と、Jさんは自信を取り戻し始めたのです。

この後、「ベクトルのワーク」をしていただきました。

Jさんは口下手でしたが、その分、商品には自信がありました。「ベクトルのワーク」を繰り返すうちに、自分自身が実はかなり丁寧にサービスを提供していることにも気づいたのです。「どのように」と繰り返すうち、Jさんは口下手な自分を受け入れるようになってきました。自分の特性を受け入れて考えた結果、あまりしゃべらないで済むように、資料をたくさん作って営業に向かうことにしました。

そうして困ったことがあってクライアントから連絡がきたときは、できるだけ早く対応するようにしました。自分らしさを生かし、口下手であっても、より丁寧に細やかに対応することを心がけ、サービス内容を充実していったのです。
それを続けていたら、「信用できる」という評価を受けるようになりました。
今では自然な形で口コミや紹介の輪が広がって、仕事の依頼が増えてきています。

前の章でお話ししたように、潜在意識の中では感情の棘《とげ》のある記憶のほうが、顕在意識に出てきやすくなってしまいます。「感情を書き出すワーク」を行うと、それに向き合い、書き出すことで、容量を空けることができます。そうすることで余裕ができて、自分の長所に目を向けられる状態になるのです。

たくさんのタスクをこなせる人と、すぐキャパオーバーになってしまう人の違いは？

世の中には、多くの仕事をどんどんこなしていける人もいます。それとは反対に、少しの仕事ですぐにキャパオーバーになってしまい、「もうダメです」という状態になる人もいますよね。

後者に怒ったり注意したりしても、余計にできなくなってしまうことがあります。**それはその人自身が、「どうして自分は早くできないのだろう」と自分を責めて、マイナスの自動検索をし続けて、エネルギーを多く使っていることがあるからです。**

まずここまでお話しした仕組みを理解してもらい、根本的な検索の仕方を変えていかないと、そこから前に進めないのです。

マインドの仕組みがわかると相手への声がけも変わる

このことを知っていると、上司から部下へ、親から子へ、仕事場で、家庭での声がけも変わってきます。**「なんでできないの?」と言うのではなく、「どうしたらできるの?」と質問してあげるだけでも違います。ちょっとした質問の仕方一つで、相手の受け止め方は全然違うものになってきます。**

子どもの頃から、「お前はなぜできないんだ」と責められ、怒られてきた経験を持つ人もいます。そうすると、子どもの頃から、「なぜ僕はできないのだろう」「それは僕ってダメなやつだからだ」という〝負の自動検索ループ〟に陥ったまま、大人になってしまうということが起きるのです。

だから、「なんで君は……」と質問されると、途端にフリーズを起こしてしまい、「僕はダメなのです」という答えを自動的に返してしまうのです。

怒られている小さい子どものような心になって、フリーズを起こしてしまうわけです。これは有能な人でも陥ることが多いパターンです。

こうしたことを避けるためには、「感情を書き出すワーク」（81ページ参照）で自分の感情を紙に書き出して客観視し、そして、その要因がどこにあるかを探っていくことが必要です。「ベクトルのワーク」（109ページ参照）の中にある「ＨＯＷ」の質問を使うことで、解決策へのアンテナが張られ、自動検索がスタートします。こうして必要な情報を見つけ出すようになるのです。

この自動検索機能については、第４章で詳しくお話しします。

※第3章の内容について、より理解を深めていただける動画を無料で公開しています。191ページにQRコードがあります。

Column

どんな状況にも、うまくいく方法が隠れている

ときには物事がうまくいかないように思えたり、失敗したり、問題が起きたりすることがありますよね。けれど、たとえ前日にネガティブな出来事があったとしても、朝になったら一度リセットする癖をつけましょう。

毎朝、起きたときに、「今日一日に起きることは、きっとすべてうまくいく」と唱えるのです。「もし何か問題が起きたとしても、必ずうまくいく方法が隠れている」と考えましょう。

毎朝、そう意識するだけでいいのです。これだけで、何も考えずにスタートする一日より、一歩進むことができます。

私たちは「すべてをコントロールしなければ！」と考えることがあります。物事をうまく運びたいと考えるあまり、肩に力が入ってしまうこともありま

す。物事を複雑に考えすぎてしまう傾向もあります。

キマジメさんはもともと真面目で、ゴールを設定して綿密に計画を立てて進むタイプなので、楽観的に考えるのが難しい傾向があります。「これをするためにはこの手順で、これとこれを準備しないと……」などと、うまく物事を進めるために必要なタスクに、どうしても目が行ってしまいます。

そんなふうにできる人だからこそ、かえって否定的な気分になることもあるかもしれません。

でも、今日はできるだけ「楽観主義」で過ごしてみましょう。

物事に取り組むとき、それが「難しい」と思い込んで取り組むのか、それとも「うまくいく」という視点を持って取り組むのか。それによって、物事が進むスピードも実際に変わってきます。

なぜかと言うと、「うまくいく」と思って取り組むと、潜在意識がさまざまな解決法を探そうとしてくれるからです。

スマートでなくていい。でもきっとうまくいくと考えてみてください。今日はそんなふうに根拠のない、楽観主義を目指してみましょう。

第4章

怒りや不安を減らして
ポジティブな
エネルギーを増やす!

キャパオーバーを避ける方法を
いくつかご紹介します。
「いっぱいいっぱい」だった自分に
余裕が出てきたら、
今度は前に進むエネルギーを
生み出していきましょう。

プロたちが使っている「セルフ・マインド・マネジメント」

第1章でも少し触れましたが、この章ではプロたちが使っている「セルフ・マインド・マネジメント」についてわかりやすくご説明します。

その前に、まず人間の記憶とはどんな仕組みになっているのかについて、お話ししたいと思います。

みなさんが体験したこととの記憶は、脳内の大脳辺縁系にある海馬に一時的に保管されます。時間が経つとなくなってしまうと思われていた記憶は、実は大脳皮質という部分にしまい込まれていることが最近の研究でわかってきました。普段は引き出されない圧縮ファイルのような形で、私たちの中には膨大な量の記憶が長期保存されているのです。

脳の仕組み

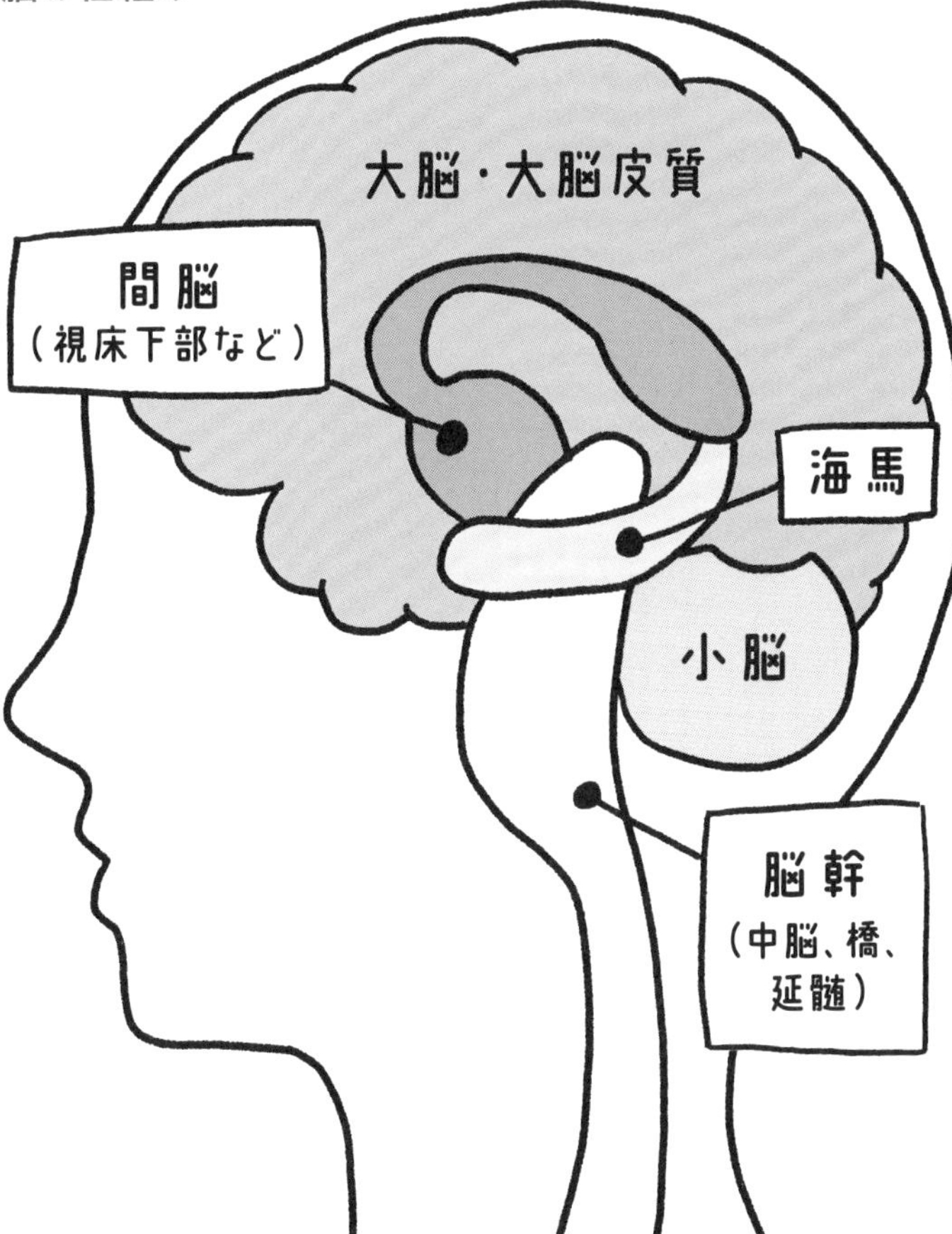

目にしたこと、聞いたこと、考えたことなどの記憶は、いったん海馬に保管される。それらは整理されて、大脳皮質に保存される。海馬の記憶はやがて消える。

脳の中には、生まれてからこれまでのすべての記憶が保管されている⁉

命にかかわるような出来事に遭遇したとき、「走馬灯のように人生の記憶がよみがえる」と、昔からよく言われてきました。この仕組みについてはいまださまざまな研究が続けられています。生きるか死ぬかの瀬戸際の状態にあるとき、人間はそれまでしまい込まれていた記憶を一気に引き出し、自分の身を守るデータがないかと検索するのではないか、と言われています。

助かりたい、自分の身体を守りたい、という本能が、今までしまい込んでいた情報を一気に検索する。つまり、それほど膨大な情報が私たちの中には保存されている、ということが今、いろいろな学説の中で言われ始めています。

膨大な量の情報を保存しておくためには、入ってくる情報をうまく最適化していくことが重要になります。どのようなやり方があるのか、この章ではお伝えしていきます。

書き出すことで、頭にメモしないようにする

私は現在、コンサルティングやカウンセリングを通じて、たくさんの人に寄り添う仕事をしています。

このとき大切なのは、当然ながら目の前の人の話に集中することです。前の人の話を引きずっていたら、良いお仕事はできません。

プロのカウンセラーやコンサルタントは、面談しながら大切なことはすべて資料に記入します。これは自分の頭の中にメモを残しておかないようにするためです。

スケジュール管理やタスクについても同じことが言えます。実は私、自分のスケジュールをほぼ覚えていません。すべてGoogleカレンダーに記入していて、これ

を開かないと明日の予定もわからないほどです（笑）。

「スケジュール（手帳）を見れば予定が確認できる」という安心できる状態にするために、あらゆるスケジュールはすべてGoogleカレンダーに保存しています。そうして、頭の中にはメモを残さないのです。こうすることで、それまで予定を覚えておくことに使っていた容量に空きが出ます。その空いた分、今やるべきことに集中して、サクサク進められるようになるのです。

人間の意志力の源泉は一つでそのエネルギー量には限りがある

ロイ・バウマイスターという心理学者が提唱している説に、「意志力の源泉は一つだけで、そのエネルギー量には限りがある」というのがあります。

何かを達成したいなら目標を一つに絞り込むとか、継続するべきことはわざとルーティンに組み込んだりすることで、意志のエネルギーを無駄に消費しないやり方をしなさい、ということを述べています。

この説はいまだ研究され続けているテーマでもありますが、この理論を使い、メモを取ることによって〝覚えておこう〟と考える対象を減らし、集中力を注ぎたいものにエネルギーをできるだけ集める、ということにも応用できます。

メモなどに書き出すことで容量を空ける

「これを忘れないようにやらなくちゃ」と意識することは、頭の中でずっとアプリが起動しているようなものです。スマホで気づかないうちにアプリが起動して、例えばGoogle Mapでナビが動き続けているようなものだと考えてください。あるいは、ピン留めされた情報でいっぱいになったボードのようなものと言ってもいいでしょう。

この状態を避けるためには、メモやスケジュール表に書き出すことが有効です。書き出して、「覚えておかなくてもいい」という状態にすることで、余計なアプリを終了させることができます。

気がかりなことがたくさんあると、集中力が下がる

気がかりなことが頭の中にたくさんあるのは、ピン留めされたメモが散乱しているボードのようなもの。これでは集中力も下がってしまう。

さあ、実際に今日、今週、今月、「やらなければ」と思っているタスクを書き出してみてください。書き出したら、そのタスクは忘れましょう。やるべきことは、それを見ればわかるのですから。

そのタスクをやり終えるたびに、書き出したメモに1本ずつ線を引いて消してみてください。これで知らないうちにずっと動いているアプリを閉じることができます。

もしあなたが集中力をアップさせ、仕事のパフォーマンスを上げたいと思ったら、この「頭にメモしない」を取り入れてみてください。

感情のデトックスをして、容量オーバーを防ぐことが大切

潜在意識の中には、自分でも気づかない抑圧された感情があります。

「我慢して言えなかったんだけど」「言い出せなかった」と飲み込んでしまった言葉や感情が、しまい込まれているのです。

こんなふうに抑圧された感情があると、それが風船みたいに大きくなったり、たくさん溜まったりして、潜在意識の容量をいっぱいにしてしまいます。これを放っておくと、何かのきっかけで突然破裂することもあり、危険です。特に「怒り」の感情は注意です。

では、抑圧せずに、ものや人に当たって発散させたほうがよいのかというと、そうではありません。むしろ逆効果なのです。

潜在意識に抑圧された感情が溜まると「いっぱいいっぱい」になりやすい

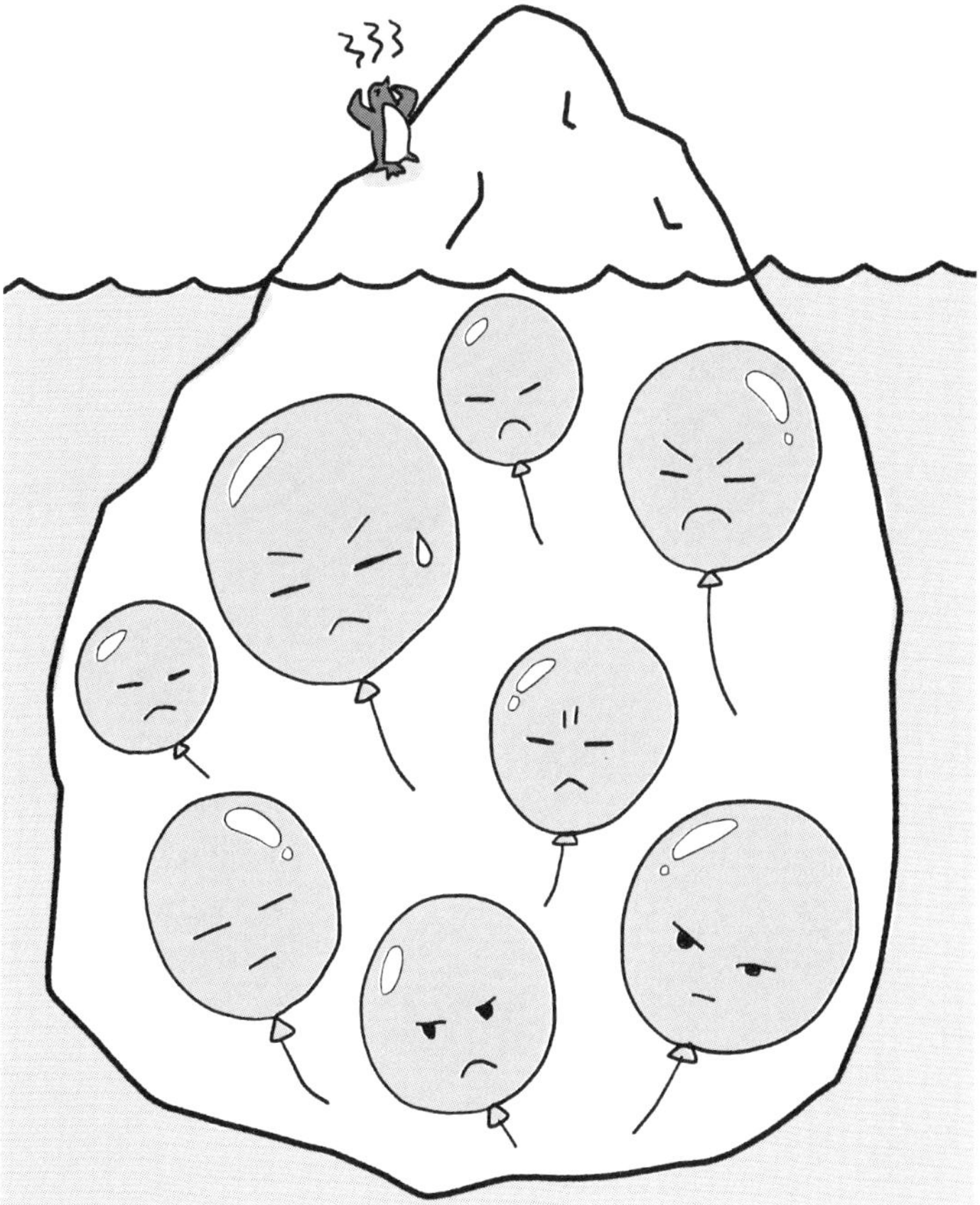

言えなかったことや、抑圧された感情などがあると、その思いが大きく膨らんだり、いくつも溜まって、ついには爆発寸前！

どうしてだと思いますか？

怒りの感情がわいたとき、その感情に任せて壁にものをぶつけたりすると、その行為を見ることにより「怒り」の感情がさらに刺激されて増幅されることもあると、心理学的には言われているのです。だから逆効果になってしまうのです。

感情は書き出すことで客観視できて扱いやすくなる

こんなときはものに当たるのではなく、「○○が嫌だった」と、書き出すようにしてみてください。

言葉にして書き出すと、潜在意識の中にある感情が視覚化され、意識できるものになります。こうすることで、自分の感情を客観視できるようになるのです。

さらに、潜在意識の中にあったものが見える形になる（顕在化する）ので、上書き保存がしやすくなるというメリットもあります。パソコンで書いた文書を読み直して、書き換えて保存することができるように、意識も上書き保存ができるのです。

感情を言葉にして書き出すと、抑圧された感情が小さくなる

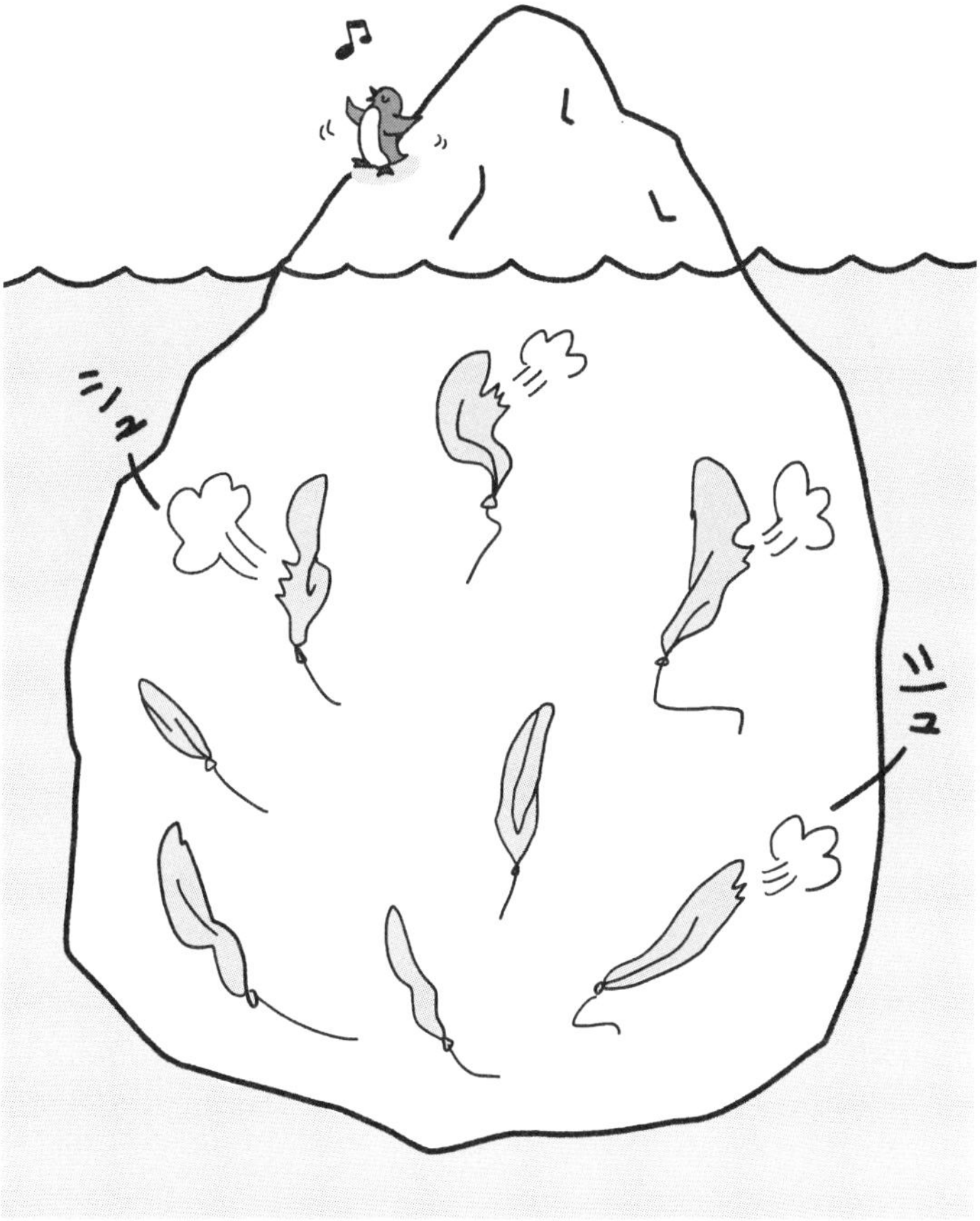

溜まっている感情を紙に書き出すことで、風船の空気が抜けて小さくなる。その分、潜在意識の中にスペースができる。

こうすることで、頭の中で堂々巡りする「ぐるぐるの森」で迷子の状態から、抜け出すことができるのです。

これを行うのが「感情を書き出すワーク」です。

つまり、感情を紙に書いて吐き出すと、抑圧された感情の風船に溜まったガスを、安全に抜くことができます。言ってみれば、風船の口に細い管《くだ》を挿し入れて、シュルシュルとガスを抜くようなものです。これで「いっぱいいっぱい」だったメモリを解放でき、容量に自然と余裕が生まれ、フリーズしていたパソコンが動くようになります。

自分の感情を紙に書き出して客観視することで、別の視点や見方をする余裕ができるのです。

「感情を書き出すワーク」で心に余裕を取り戻したケース

「感情を書き出すワーク」を実践することで、「いっぱいいっぱい」だった心に余裕ができた実例を紹介します。

Case 11 仕事中に居眠りする同僚への視点が変わった会社員Kさん（40代）

会社員のKさんは、一緒に仕事している同僚がいつもやる気がなさそうで、仕事中に居眠りをしたりするのが許せず、イライラしていました。そこで紙に向かって「感情を書き出すワーク」をして、その感情を解放することにしました。

不満をひとしきり書き出した後、よく考えてみると、その同僚が半年くらい前に「母親が認知症を発症した」と、ちらりと話していたのを思い出しました。それを思い出したKさんは、彼が居眠りをしたりするのは、「もしかしたら介護疲れもあったのではないか」と思ったのです。

書き出すまですっかり忘れていたのに、そんな話が頭に浮かぶようになったことに、Kさん自身が驚きました。感情を書き出した紙に大きな×をつけてビリビリに破ると、怒りの感情が消えて、「ちゃんと話を聴いてあげよう」と思えるようになったのです。

後日、その同僚は、仕事帰りに毎日実家に寄って、買い出しなどを行っていたことがわかりました。奥様も子育て中で忙しくて、お母様のケアができるのは、親族の中で彼しかいなかったのです。

Kさんは視点が変わって相手の状況を思いやれるようになり、『感情を書き出すワーク』をやってよかった」と話してくれました。

「感情を書き出すワーク」は本当に効果があります。ある感情にとらわれているときには気づかなかった視点を持てるようになるのです。

Case12

後輩をいじめる上司にイライラしなくなったLさん（30代）

Lさんの上司は部下をいじめる人でした。上司が自分の後輩をいじめるのを見るたびに、Lさんは毎回ストレスが溜まりました。そこで「感情を書き出すワーク」を行って、その上司に対する罵詈雑言《ばりぞうごん》を思い切り書くことにしました。

Lさんは書き出してスッキリした後、「あなたのことはどうしても好きになれません。無理です。ごめんなさい」と書きました。

こんなことを書いた自分がおかしくなり、笑ってしまったそうです。上司について笑いながら捉えることができる自分の変化にも驚いた、とおっしゃっていました。

Lさんは「感情を書き出すワーク」を行うことで、気持ちに余裕が生まれ、ユーモアが感じられる状態へシフトしていきました。こんな視点の変え方もあるのです。

無理に善人にならなくていい
自分の感情はすべて認めてあげること

キマジメさんは「いい人になろう」「よく振舞わなくては」と考えがちです。このように正しくあろうとしすぎると、どこかで歪みが出てしまいます。

そこで、いったん自分の感情を吐き出して、好き嫌いもあるがままに全部認めてみてください。自分の中に矛盾している気持ちが存在していることを認めると、逆にその人に対して寛容になれることもあります。

「無理にでも仲良くしよう」「無理にでも親切にしないと」……こんな思い込みがあると、かえって感情を抑圧してしまうこともあります。そんなときは素直に、「ごめんなさい、不器用で」と自分を許して受け入れるほうが、自然です。

感情を思い切って吐き出した後は、たとえ合わない人であっても、「この人はこの

人で生きている。「これはこれでいいのだ」と、自分の中で気持ちに区切りがつくことがあります。

ワークは読むだけでなく、必ず手を動かしてやってみること

本書ではいくつかワークを紹介していますが、**実際に手を動かして、書き出してみることがとても大事です。声を大にして言いますが、「知っている」ことと「実践する」ことは、まったく違います。**

運動に喩えるとわかりやすいかもしれません。

スクワットのやり方はみなさんも知っていますよね。でも正しいやり方で実際にやらなければ、筋力はつきません。「知っている」のと「やっている」のとでは、まったくの別物です。

心理学も同じです。「仕組みを知っている」というのと、「実際にやっている」のとでは、まったく次元が違うのです。

心理ワークは腰痛体操のようなもの
これ以上、悪化しないように続けること

私は、心理ワークは腰痛体操のようなものだと思っています。喩えるなら悪化しないように日々続けていくケアです。

繰り返し、繰り返し、日々の中で潜在意識にあるものを表面に出し、これを必要なものと不要なものに分ける。必要なものは大切に残し、不要なものは書き換えて上書き保存する。

繰り返しますが、体操が重要であることや、やり方を頭で知っていても、実際に身体を動かさなければ体力はつきません。それと同様に、心理ワークも実践し続けない限り、心の強さ、しなやかなレジリエンス（回復）力がつかないのです。

だから実際にペンを持って、本書のワークをやってみてくださいね！

「ベクトルのワーク」をもう一歩進めて、ポジティブなエネルギーを生み出そう！

本書ではここまで、タスクや気がかりなことで頭がいっぱいになってしまった方へ、さまざまなワークを使って、空き容量を増やすことについてお伝えしてきました。気がかりなことがたくさんあると、それらにとらわれてしまい、やるべきことのパフォーマンスが落ちてしまいます。

特に、感情に関係するものは容量を使います。感情をともなう記憶は、潜在意識の検索機能に引っ掛かりやすく、意識の表面に上がってきやすいのです。

そこで、「感情分解のワーク」（71ページ参照）や「感情を書き出すワーク」（81ページ参照）を行って、感情を分解して小さくする方法もお伝えしました。感情を分解して小さくし、心にゆとりが生まれると、物事や状況を前向きに捉えられるようになるのです。

私はみなさんに、この「セルフ・マインド・マネジメント」の手法を知っていただき、それをぜひ活用して、自分の人生に前向きに取り組んでいただきたいと考えています。

そこで、ここではさらに一歩進めて、自分のやりたいことや願いを現実にするための、潜在意識の検索機能の使い方をお伝えします。

新月の願い事や引き寄せが叶わないのは、なぜか？

みなさんはこれまでにも、「望むことや、やりたいことを書き出してみましょう」と言われたことがありませんか？　新月の願い事とか、引き寄せの法則とか、いろいろな方法を試したことがある人もいるでしょう。

そして、実際に書いてみたにもかかわらず、書いたことに向かって行動を起こすことができなかった人も多いと思います。

その理由は何だと思いますか？

実は、私たちの中には、気づかないうちに、望むことやりたいことの方向と反対に、自分をマイナスの方向に引きとめるベクトルというものが存在しているからなのです。

前向きなプラスの矢印と、現状に引きとめるマイナスの矢印、その両方の矢印が引き合って落ち着いたところが、現在のあなたがいる場所なのです。

※第4章の内容について、より理解を深めていただける動画を無料で公開しています。191ページにQRコードがあります。

Let's try work!

【現実的に望みを叶える「ベクトルのワーク」】

やり方は前回のベクトルのワーク（109ページ参照）と同じです。

①まずあなたの望むこと、やりたいことを箇条書きで書き出してみましょう。タイマーを使って2分で書き出してください。仕事のことだけでなく、プライベートなことを書いてもOKです。

②この書き出した内容に向かって、できない理由、無理だと思っている理由、不安や心配に感じていることを、マイナスのベクトルに書き出します。これも箇条書きで、2分で正直に書いてみてください。

③この②で書き出したものを一文ずつ、「どのようにしたら○○は解決する？」と質問形に書き換えます。一つ一つ省略せずに、「HOW」で質問する文章に書き換えてください。こうすることで、あなたの潜在意識が、解決策について自動検索をかけるようになります。

ベクトルのワークで望みを叶えよう！

② 行動を起こせない原因は？（不安・怖れ・心配など）	③ どうすれば、○○は解決できる？	① やりたいこと、望むこと
お金がない。頭金がないから家は無理	どのようにしたら家が手に入る？	家が欲しい
給料が決まっている	どうしたら給料が決まっているという問題を解決できる？	貯金○○万円貯める
休みが取れないし、お金もない	どうすれば休みを取れる？　どうすればお金が手に入る？	旅行へ行きたい
土日も仕事のときがある	どうしたら、週末はちゃんと休める？	家族との時間を増やす

課題を質問形式に変えることでアンテナが張られ、情報をキャッチしやすくなるため、望みが叶いやすくなるのです！

「ベクトルのワーク」で検索をかけて長年の悩みを一気に解決！

「ベクトルのワーク」の最大の効果は、「ＷＨＹ」と問いかけがちな質問を、「ＨＯＷ」の形にして問い直すことです。それによって、潜在意識は「どうやったら実現できるだろうか？」と検索をかけ始めます。自分の記憶や体験を検索するのはもちろん、目にするものや耳にするものなど、ありとあらゆる情報から答えを検索するのです。

Case13

ベクトルのワークで事業の課題を解決できた起業家Mさん（40代）

数年前、名古屋でセミナーをしたときのことです。「ベクトルのワーク」をみなさんに紹介し、実際にやっていただきました。

起業家のMさんは、「新しい事業をもう一つ立ち上げたい」と書き出しておられました。残念ながら予算がなく、「場所がない」「予算がない」などと、マイナスの要因ばかりを書き出していました。

しかも、最初は「ベクトルのワーク」のシートの真ん中に、「場所がないので既存のエリア内の小さな一区画に作る」と、マイナスのベクトルから導き出した自分の答えを書いてしまっていました。

しかし、このワークの目的は、今ある情報で答えを導き出すのではなく、潜在意識の検索機能を使うことです。そうご説明して、シートの真ん中に書いた答えは消して、「どのようにしたら新しい事業所の問題は解決できる？」と書き直してもらいました。

セミナーが終わって数時間後、Mさんから興奮した感じで連絡がありました。

「先生、検索のすごさがわかりました！」と言うのです。

いったい何が起きたかというと……。

Mさんは「ベクトルのワーク」をしたことなどすっかり忘れて、帰りの電車に乗りました。つり革につかまると、目の前の広告に目がとまったそうです。

それは市区町村の起業支援プロジェクトの広告で、「新しく事業を立ち上げる方に、大通りに面した一区画を年間3万円で貸し出します」と書いてありました。

Mさんは電車を降りるとすぐに電話をかけました。一番乗りの連絡だったらしく、Mさんはそこを借りられることが即決したのです！

「朝も同じ電車に乗っていましたから、この広告はそこにあったはずなのに、目に入ってきませんでした。ところが『ベクトルのワーク』で『どうやったら解決できる？』と自動検索をかけた途端に、目にとまるようになったんです！」

そう、驚いておられました。

年間わずか3万円！　で、大通りに面した物件の、しかも入口に一番近い一等地を確保することができたのです。

Mさんが「ベクトルのワーク」を行ったとき、もし手元にある情報だけで書いた答えのままにしていたなら、自動検索の機能はそこでストップしてしまったことでしょう。

「ベクトルのワーク」は願いや課題を書き出して、それに対して「どのようにしたら解決できる？」と質問形で書くことで、潜在意識の自動検索機能を利用してアンテナを張ります。だから必要な情報をどんどんキャッチできるようになるのです。

つまり、現在は解決策が見つからないとしても、潜在意識に検索をかけ、アンテナを張ることによって、必要な情報を引き寄せて、願いが叶いやすくなるというわけです。

私自身も、この質問を書き換える「ベクトルのワーク」を本当によく使います。「どうしたら『セルフ・マインド・マネジメント』を世の中に広げていける？」「どうやったら一般教養にできる？」といった検索を、たえずかけています。

そのおかげで情報をキャッチできて、今回この本を出版することにつながっているように思います。

私が実際に情報をキャッチできた例も次にご紹介したいと思います。

「ベクトルのワーク」で自動検索をかけていると、思いがけない展開につながることも！

ある日、ランチをしようと一人でお店に入りました。注文をしてしばらくすると料理が運ばれてきたので食べ始めたとき、隣の席の女性が、「注文した品がまだ出てこない」とお店の人に言っているのが聞こえてきました。

どうやら、先に席について注文を済ませていたお隣の女性と、私がまったく同じ料理を注文したようです。でも、お店の人が間違えて、私のほうに先に料理を出してしまったのでした。

そこで少し勇気が要りましたが、「もしかして私、あなたが注文した分を食べてしまいましたか？」とお声をかけたのです。

そこから話が弾み、「せっかくなので、一緒に食べましょう」ということになり、隣の方の料理も出てきてから、一緒にお食事することになりました。

自然に仲良くなって、「どんな仕事をしているんですか？」という話題になりました。

その方は看護師さんであること、これからコミュニケーションや心理の勉強をしたいと考えていることなどを話してくださいました。そこで私自身が自己紹介をすると、「めちゃくちゃ興味あります！」とおっしゃるではありませんか。

偶然の出来事からお仕事に発展することも。でも、これも潜在意識の自動検索機能を使っているからなんです。

なんと、後日看護師さんたちに向けたセミナー企画に発展し、今でも仲良くさせていただいています。

これ以外にも、勉強会でたまたま隣の席に座っていた方が紹介してくださった方が、ビジネスパートナーになったこともあります。

別にギラギラしているわけではありません（笑）。

自動検索機能を使ってアンテナを張っていると、必要なものを、どんどんキャッチして引き寄せるようになるのです。

必要な情報を引き寄せる自動検索の仕組み

これはどんな仕組みを使っているのでしょうか。

簡単なワークをしてみましょう。

目を閉じて、「青青青」と、3回言ってみてください。それから目を開けて、周りを見回してみてください。

最初に、何が目に入りましたか？

もちろん青いものですよね。


このように検索の仕方を変えるだけで、目に入る情報が変わるのです。本当に不思議ですよね。でも、実際に効果がありますから、この章で紹介したワーク、使ってみてくださいね！

知っていても、実際にやらなければ、効果は生まれません。

潜在意識の自動検索機能を、できない理由を探して「ぐるぐるの森」に居続けるために使うのではなく、プラスの方向に使って、どんどん夢を実現していきましょう！

Column

他人をジャッジするのをやめると、自分のエネルギーをうまく使えるようになる

人間関係で一番ストレスが溜まるのは、相手が自分の思い通りに動いてくれないときではないでしょうか？　私たちは知らず知らずのうちに、「相手をコントロールしたい」という思いを抱いています。

しかもこれがやっかいなのは、自分自身でも気づかぬうちに、〝相手のためによかれ〟と思ってやっていることです。相手のことを真剣に思っているだけに、自分が意地になったりムキになっていることに、気づかないのです。「相手に納得させよう」「自分の言う通りに行動させたい」と思っている自分に気づいて、ハッとした経験はないでしょうか？

こういうときに大事なのは、自分の感情や物事を俯瞰するように意識して、心に余裕を持つことです。

自分の中に「こうあるべき」という思いが強いと、知らず知らずのうちに、

相手と勝ち負けのような感覚になっていたりします。ここはあえて、「負けたっていいんだ」と思って、相手と距離を保つ練習をしてみてください。

そうすると、感情や物事に巻き込まれないようになります。相手をジャッジしたりコントロールすることを手放して、自分自身や相手との関係を客観視する練習だと思って、やってみてください。「闘わない」という選択肢だってあるし、相手から離れても構わないのです。

人はそれぞれ、育った環境や価値観も違います。自分とは違っていても、相手を変えることはできないのです。そこに注力すると、自分の大切なエネルギーを奪われてしまいます。

イライラする人や物事に出会ったときは、「自分がどのくらい関わるのか」を自問自答することも一つの手段です。

この問いかけができると、自分はどこにエネルギーを注ぐのかを考えるようになります。不要なところにエネルギーを注がないためにも、ふつふつ浮かび上がる「こうあるべき」というこだわりを手放しましょう。

第5章

キマジメさんに、ぜひ知っておいてほしいこと

責任感が強く、
なかなか手を抜けないキマジメさんは、
つい無理をして自分を追い込んでしまいがち。
そんなあなたに、
ぜひ知っておいてほしいことを、
お伝えします。

マンネリ化した環境が問題なら、新しい情報に触れてみる

本書ではここまで、多すぎる情報やタスクで「いっぱいいっぱい」の状態から、空き容量を作り、さらには前向きに行動できるようになる方法について、お伝えしてきました。

①感情を書き出す（圧縮ファイルの不要なものをリリース）
②感情を分解する（圧縮ファイルの解凍・サイズダウン）
③ベクトルのワーク（不要なファイル整理。空き容量を作り、パソコンを最適化し、自動検索機能で次のステップへ）

以上のことについてワークを取り入れながらご説明しました。実際にワークに取り組んでみて、スッキリした気持ちになった方も多いのではないでしょうか。

①～③を駆使すれば、キマジメさんが「ぐるぐるの森」の中から抜け出して、「どうすればいいか」がわかるようになります。自分自身の空き容量を作り、スペックを上げ、前に進むことができるようになるのです。

ここからさらに、これまでのワークにしっかり取り組んでみたけれど、まだスッキリしない、そんなあなたにいくつかお話ししたいことがあります。

マンネリ化した環境から抜け出してみる

キマジメさんが「ぐるぐるの森」に入ってしまう理由の一つに、「変化のない環境に長年身を置いている」ということがあります。

毎日の生活が同じルーティンの繰り返しという場合、これまでの情報に意識が集中し、細かいことが気になりがちです。

鬱屈《うっくつ》した気持ちがあっても突破口がなく、これはこれでシンドイ状態と言えます。せっかくワークに取り組み、空き容量ができた今だからこそ、このようにマンネリ化した環境に身を置いている方には、「別の視点を持つ」ことをおすすめします。

まずは「やったことのないことにチャレンジする」のです。趣味などでも構いません。今まで出会ったことのないこと、気になっていたことを始めてみるのもいいでしょう。

これまで仕事にだけ集中しすぎていた場合、ときに違った環境や場所に身を置いて新しい情報を取り入れ始めると、古い情報についてぐるぐると考える時間が減ります。すると自然に、新鮮な気持ちで毎日を過ごすことができるようになるのです。

実際、趣味としてハーブを学び始め、身体のケア、ホッとする時間を作るのがうまくなったという方がいます。また、ウォーキングを始めたり、資格にチャレンジしたりする方もあります。

「ぐるぐるの森」から出るには、マンネリ化した日常を打破し、新しい習慣を取り入れるのがおすすめです。ぜひ行動量を増やし、これまでとは少し違う「何か」にトライしてみましょう。従来とは違う分野の人に会ったりして、新しい情報が入ってくるようになると、新しい視野で物事を見ることができるようになります。

また、行動量を増やし、新しい習慣を取り入れることをおすすめしたい方がいる一方で、**その反対に、物事や環境を手放す必要がある方もいます。**

ここからは、キマジメさんたちに絶対に知っておいてほしいことをお伝えしたいと思います。

キマジメさんは投げ出すことができない

今回、さまざまなメソッドをお伝えしてきましたが、物理的に「やらなくてはならないこと」が多すぎるという人も、実際に存在します。多くのタスクを背負っている方が「もうこれ以上無理だ」と、駆け込むように相談にいらっしゃることもあります。

これまでの章で紹介したワークにしっかり取り組んで空き容量を増やし、タスクを整理して可視化したうえで整頓したとしても、やはり、「人間にその量はこなせない」と思えるほどの仕事量を抱える人が、現実にいらっしゃいます。

キマジメさんはとても誠実な人たちですから、休憩や睡眠時間も削って、一生懸命やるべきことを背負い、客観的に見れば健康を維持するのが困難な状態で仕事を続けている場合もあります。

つまり、「ブラックな環境」で、多くの責任を任されているケースも実際にあるということです。

しかしながら、キマジメさんほど投げ出すことに抵抗があります。なぜなら職場の人、家族、大事な人たちに迷惑をかけてしまう、そう考えてしまうのです。そうして、ときに身体を壊すほど頑張り続けてしまう人たちがいます。

ここでちょっと冷静になって、考えてもらいたいのです。

これは、キャパオーバーになっている自分の思考を整理し、容量を空け、タスクを整頓することで、本当にやっていけるものなのか。

それとも、これはもう通常やれる量を超えていて、そもそもの仕事のカタチを見直

すべきなのか。

ここを考えなくてはならない場合もある、ということです。

そこで紹介したいのが、「エンプティチェア」という手法を応用したワークです。

次にそのやり方を紹介します。

その親友はあなたと同じくらいの体力で、今のあなたと同じような家庭環境にあり、同じような仕事を抱えていると考えます。

③親友が頑張っているのを見て、あなたはどんなふうに声をかけるでしょうか？

「あとちょっとだよ。もう少し頑張ってみなよ」でしょうか。

それとも「よく頑張ってきたし、無理しなくてもいいんじゃない」「もうやめていいんじゃない？　休憩したほうがいいよ」という言葉でしょうか。

④「もう無理しちゃだめだよ。よく頑張った。もうやめていいんじゃない？　休憩したほうがいいよ」と、あなたが声をかけたいと思うなら、それはあなたが「逃げるもあり」という選択をする時期を示している可能性があります。

今あなたが友人にかけた言葉が、客観的なあなたの本心です。

※心理学には「エンプティチェア理論」というものがあります。このワークはその理論を応用し、わかりやすくアレンジしています。

Let's try work!

【冷静に自分を客観視する「エンプティチェアの応用ワーク」】

①まず、誰も座っていない椅子を頭に思い浮かべてみてください。

その椅子があなたの隣にあるとイメージします。

②その椅子に、今のあなたと同じ状況の親友が座っていると考えてみてください。

あなたの大切な親友が、今のあなたと同じような状況に置かれているとイメージします。その人はあなたにとってすごく大事な人、すごく仲の良い友達です。

「エンプティチェアの応用ワーク」で自分の心の健康状態をチェック

「エンプティチェアの応用ワーク」はいかがでしたか？　見えてくるものがあったかもしれませんね。

チーム内で頑張ることで良いものが生み出されて、自分もワクワクしながら可能性を試していけるのなら、健康的に頑張っている状態と言えます。

その反対に、出口が見えない「ぐるぐるの森」で頑張り続けるキマジメさんという場合もあります。

今取り組んでいるタスクが終わっても、また次のタスクが襲ってきて、もう何の感情もわかないくらいくたくたになって、日々追われながら頑張っている状態。もしあなたがそんなふうに感じているとしたら、そのときは先ほどの「エンプティチェアの応用ワーク」をして、自分に声をかけた内容を見直してください。

その状態のまま頑張り続けることは、決して健康的とは言えません。

ときに、このように自分自身を客観的に見るワークも取り入れ、ご自分の今の状態を確認してみてください。

ストレスを受け続けると、心が凹んだ状態になってしまう

がんばり屋のキマジメさんは、「自分はできる！　頑張れる！」と考えて、つい限度を超えて頑張ってしまいがち。そこで、ここではストレスについて簡単にお話しします。

心をボールに喩えてみると……。

健康な人の心は、次ページ左のイラストのように、弾力のあるボールのような状態です。少しストレスを感じたとしても、押し戻されて元の状態になります。

ところがストレスを受け続けると、右のイラストのように凹みっぱなしになって、元の状態に戻れなくなってしまいます。人はある程度まで環境に適応していける力がありますが、それを超えると身体や心に異常な反応をきたしてしまい、自律神経など

ストレスと心の関係

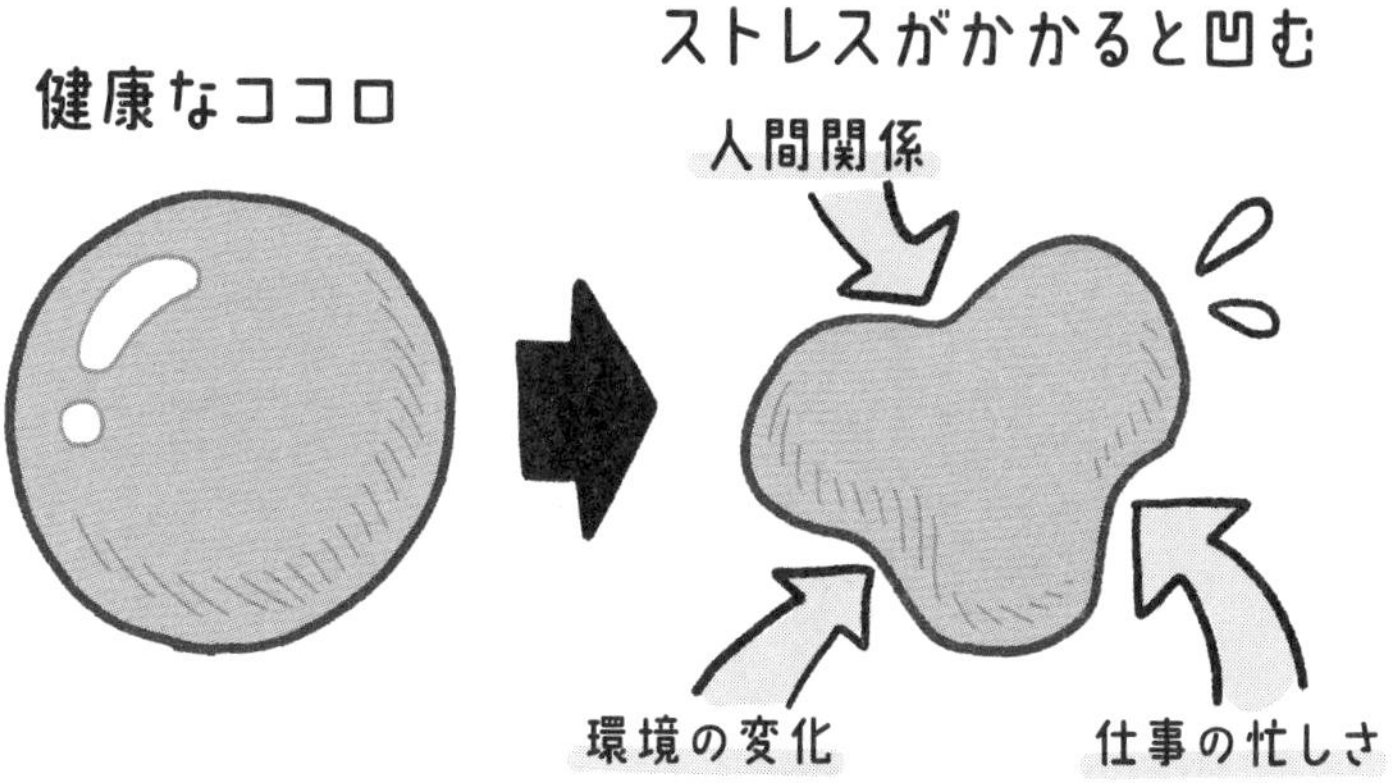

健康な心は丸いボールのようなもの。何かの理由で凹んでも、また元の状態に戻る。ところがストレスを受け続けると、凹んだまま戻らなくなってしまう。

過去1年間にメンタルヘルス不調により連続1か月以上休業または退職した労働者割合

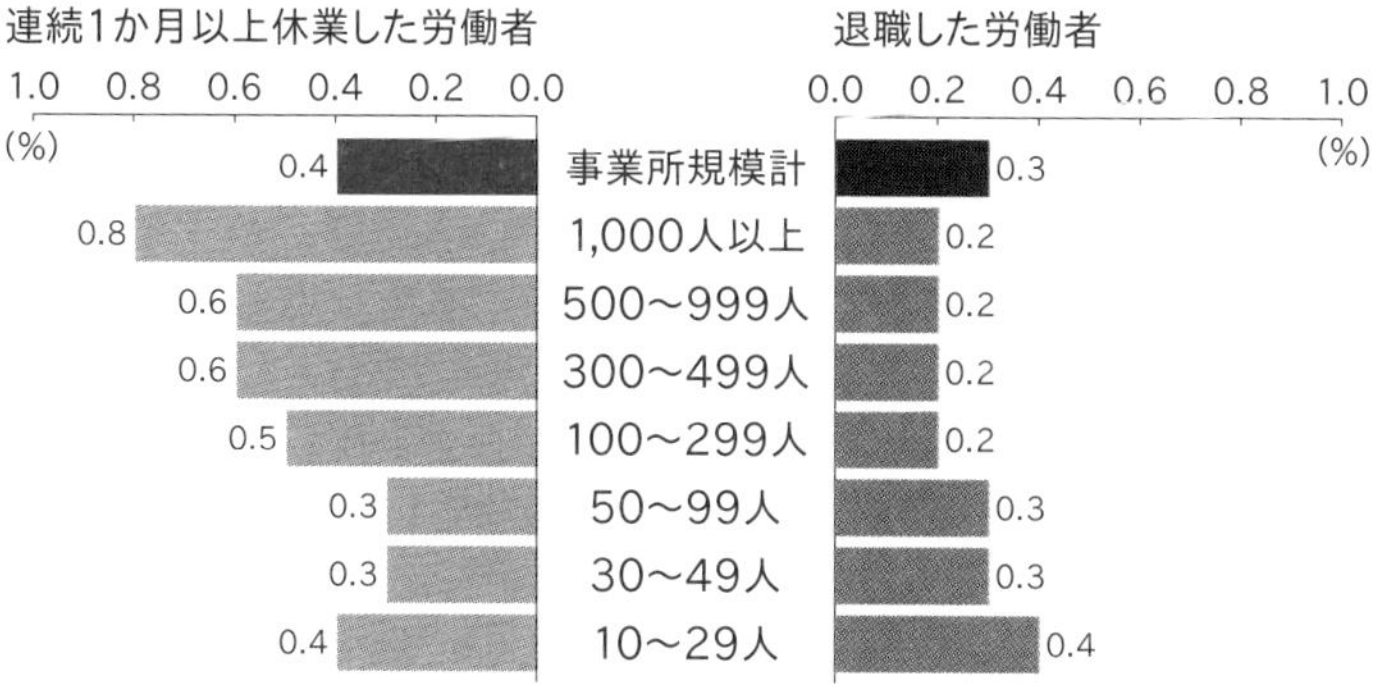

平成29年 厚生労働省「労働安全衛生調査（実態調査）」の概況より

にも影響が出るということです。

イラストの下のグラフは、厚生労働省が発表したデータです。現在、日本ではこれだけの人が、労働の第一線から離脱しています。そして、職場に復帰できない状態の方が一定数存在します。

健康経営が重要視されるようになった現在、心と身体の健康を保つことは、とても大切なことです。

次に、身体を壊すまでオーバーワークした末に、転職した方の実例を紹介します。

Case14

パニック障害を発症しても勤務を続けワークで冷静になって激務に気づいたNさん（20代）

看護師のNさんは夜勤も多い激務でしたが、愚痴一つ言うことなく、頑張って仕事を続けていました。

ところがある日、電車で通勤中に突然倒れてしまったのです。過呼吸になってしまいました。電車を降りて救護室に行きましたが、「仕事に穴をあけるとマズイ」

と思い、症状が治まるとすぐに遅刻してでも出勤して、その日は仕事をしました。

しかしながら、自分でも「これはおかしい」と思ったので、病院の先生に無理やり頼んで、安定剤を処方してもらいました。先生からは、パニック障害を発症しているのではないかと言われましたが、翌日も出勤することにしました。

でも、電車に乗ってドアが閉まると、呼吸が苦しくなる症状が出ていることが自分でもわかります。「もう電車には乗れない」と思いました。


看護師として、パニック障害がどんなもので、どういう症状が出るかはもともと知っていました。実際に呼吸が苦しくなり、平衡感覚がなくなってめまいが起こり、足がふるえて普通に歩けなくなってしまったそうです。とても仕事ができる状態ではありませんでした。

仕事を休まざるを得ない状態になり、Nさんはものすごく自分のことを責めました。「担当の患者さんもいるし、同僚にも迷惑かけてしまう」と……。

「思い返してみると、かなりストレスがかかっていた状態だったと思います」と、のちに話してくださいました。

私のところへ相談に見えたNさんは、自分の身体や心と向き合うようになりました。そうして本書でも紹介した心の仕組みについて学び、ワークにも取り組みました。

「感情を書き出すワーク」（81ページ参照）をやった後、Nさんは過去の自分を振返って、「尋常じゃない夜勤数だった」と感じるようになったのです。

2日夜勤が続いた後1日休んで、日勤で2日働いて、また夜勤2日……という不規則な生活リズムでした。当時はそれが普通だと思って仕事していたそうで、「あれはちょっとヤバかった」と、今は言える状態になっていらっしゃいます。「身体を壊して仕事に行けなくなる前に、身体のサインにもっと早く気づくべきだった」とも話してくださいました。

Nさんはマインドワーク®の研修を受け、ワークを繰り返すうち、だんだん気持ちも楽になり、外出もできるようになってきました。現在は自宅から近いクリニックで受付の仕事をしています。それでも、電車に乗るのはつらいと、今は車で通勤しています。

※マインドワーク®では、医師との連携がない限り、投薬中の受講はお受けしておりません。

Nさんのようなキマジメさんに会うたびに、思うことがあります。

自分が抱えている仕事量やタスクは、人間として健康を維持しながらやっていけるものなのか、一度客観的に見てほしいということです。

そうは言っても、心に余裕がある状態でないと自分を客観視することはできません。**そのために「感情を書き出すワーク」をしたり、タスクを整理したりと、本書で紹介した「セルフ・マインド・マネジメント」を駆使して、自分の空き容量をまず増やすことが必要です。そのプロセスを経てやっと自分を客観視できる状態になるのです。**

そうしてようやく冷静に考えられる段階になります。タスクが多くても、本当に好きな仕事なら、どうすれば無理なく続けられるかを考えたり、ワークフローを整理するなど、会社組織全体の仕事のあり方も見直す必要があるかもしれません。

とはいえ、現実的には業務効率化のために提案しても、従来のやり方を変えるのが難しい会社もあります。そのときは先ほどお伝えした、自分の友人だと思って……という「エンプティチェアの応用ワーク」を行い、客観的にアドバイスしてみてください。思い切って休みを取る、思い切って転職を考えるなど、広い選択肢を視野に入れなければならない場合もあると思うのです。

心について知識がある家族がいたために、最悪の状況を避けられたケース

この本で紹介しているような知識を周囲の人が持っていたからこそ、最悪の事態を回避できた事例があります。

Case15 大きなターニングポイントを経験した店舗勤務のOさん（38歳）

Oさんが仕事をしていた店舗は、かなり激務でした。それればかりではなく、上司とぶつかって人間関係が難しくなっていました。いつも上司から意地悪なこと

ばかり言われていて、Oさんは悩んでいました。キマジメなOさんは心の中にあることを奥さんに打ち明けることもなく、一人で悩み、苦しんでいたのです。

そんなOさんはある日、電車の中で突然、腹痛と吐き気に襲われました。最初は「胃腸の不調だろう」と思っていました。というのもOさんは学生の頃から、ストレスがお腹にくるタイプだったのです。「自分は腸が弱いだけ」と思っていて、いつも正露丸を持ち歩いていました。

ところが電車に乗ると、一駅ごとにトイレに駆け込むようになってきました。吐くのが止まらなくなったとき、「これは結構、重症になってきた」と感じました。あまりにも気持ちが悪くなったので、病院に行って吐き気止めを処方してもらったそうです。

そんなご主人を見て、「絶対病気に違いない。ガンになったのでは……」と奥様がとても心配して、Oさんは病院で検査を受けることになりました。

検査の結果、胃と腸に軽い潰瘍性の疾患が見つかったものの、重篤な病気ではないことがわかりました。

「これは精神的なものですよ」とドクターに言われ、精神科の診察を受けることになったのです。これは大きなショックでした。Oさんはもともと野球部出身で、「自分は根性がある」と考えていました。そんなOさんは「精神的なダメージがある」＝「根性がない」と捉えてしまい、このドクターの言葉は、最も受けたくない、自分自身への最悪の評価だと思ってしまいました。

Oさんはこのとき「自分は負け犬のようだ」と、人生の落伍者のように感じてしまったそうです。そして、体を壊してしまったことを「他人には絶対に知られたくない」と思っていました。

Oさんは、「どうにか会社に行けないだろうか」と考え、すごく努力をしました。「電車に乗れないのだったら、車で通勤したらどうか」とも考えました。でも車だとトイレがないので、これも難しい。「それじゃあ、各駅停車の電車に乗ったらどうか」と、一駅ごとにトイレに駆け込みながら、会社に行ったこともありました。

そうして半年くらい、さまざまな方法を試行錯誤したのです。

ところがOさんは、さらに平衡感覚を失ってめまいがするようになり、顔面神経痛も発症し始めました。そのうえ甲状腺の異常も見つかりました。体のあちこちが悲鳴を上げていて、検査の数値にも出るようになったのです。

苦しさのあまり、Oさんは「死にたい」「いつ死のうかな」と考えるようになりました。


キャパオーバーになってしまうと、このようにどんどん視野が狭くなり、もはや冷静な判断ができなくなります。もう自分しか見えなくなり、妻や子どもの存在すらも、引きとめることができないほどの精神状態になっていたと、後日話してくれました。

Oさんは、「人身事故発生」との電光掲示板の表示を見たり、駅員のアナウンスを耳にしたりするたびに、「自分と同じような人がいる」と親近感すら覚えたそうです。自ら命を絶つ人に変に共感してしまうほどに、精神的にも病んでいたと、のちに話してくれました。

一駅ごとに下車して、トイレで吐きながら遅刻して出勤するOさんの様子を見て、会社の人も「様子がおかしい」と思うようになりました。そうして彼は会社と提携している産業医の臨床心理士さんのカウンセリングも受けるようになりました。

Oさんの奥様が心の仕組みを学び始める

そんな折、Oさんの奥様が、お友達の紹介で私のもとに相談にいらっしゃいました。高校時代のご友人が私のセミナーを受講されていて、強くすすめてくださったそうです。

「主人は精神科に行っても、現在は特に治療が必要な精神疾患というわけじゃないらしいのです。本人は自力で何とかしようとしているのですが……私もイライラして怒鳴ったりしてしまって。私自身も苦しくて、きついことばかり言ってしまって、余計に落ち込ませてしまいます」

つらいのはOさんだけではなく、実は奥様もキャパオーバーの状態でした。

そうしてOさんの奥様は、マインドの仕組みについて学び、自分自身の心を整理するためのワークを繰り返すようになりました。その結果、「主人は容量オーバーになっていて、だから今の彼にはこういう現象が起こっているんだ」ということが理解できるようになってきました。

それから奥様は、「どのようにしたら、苦しんでいる夫がラクになるのだろう……」と意識するようになり、また、感情のままに怒鳴ったりしていた自分もキャパオーバーだったことが理解できて、少しずつ自分の行動を意識して考えるようになりました。Oさんに対して、「どうして会社に行かないの？」と責めたてたりすることもなくなりました。

そうやって半年間、奥様はそっとOさんを見守り続けたのです。

「もしこの知識がなかったら、よかれと思って、主人をさらに追いつめてしまうような言葉がけやアドバイスをしていたかもしれない」と奥様は話してくれました。

Oさんが失踪！
駅のホームで奥様が発見

そんなある日、Oさんの奥様から電話がかかってきました。

悲鳴のような声で、「会社から電話があって、主人が出勤していないというんです！」と言います。

「どこにいるんでしょう。とりあえず探しましょう」と答え、奥様が警察に連絡したり、各方面に手配したりするのを手伝いました。

その日、私はセミナーの仕事で遠方におり、すぐに駆けつけるわけにもいかず、カウンセラーなんて無力だな……とつくづく思いました。

パニックを起こしそうな奥様と話しながら、昔、母のクライアントさんの家族から訃報の電話がかかってきたことを思い出したりもしていました。

奥様が2時間以上、必死で探し回ったところ、駅のホームでベンチに座っているOさんを見つけました。奥様はその姿を見て、「この人、死ぬんじゃないだろうか」とぞっとしたと、のちに話してくれました。

奥様はOさんにこう言いました。「本当に、命に代えていい仕事はないんだよ」と。

Oさん夫妻には10歳の息子さんがいました。奥様は、泣きながらOさんにこう話しました。

「もし息子があなたと同じ年になって仕事していて、そんなふうにベンチに座っているくらいしんどい仕事を抱えてたら、どう言うの？　あの子が仕事を抱えて苦しい思いをしていたら、あの子に『もっと頑張れ』って言うの？」

そうして、「もう辞めよう、こんな仕事！」と二人で話し合ったそうです。

この出来事がきっかけとなって、Oさんはターニングポイントを迎えました。Oさんを担当している臨床心理士さんとコンタクトを取り、カウンセリングと並行して、私が行っている心理ワークを受けていただくことになりました。

※病院で治療中の方は、現在は基本的にお受けしていません。また心理ワークなどはかかりつけのドクターの指導のもとで行う必要があります。

その後、Oさんは「感情を書き出すワーク」をしました。彼は上司や同僚に対して言わずに心に溜めていたことがたくさんありました。

実際に書き出してみることで、「こんなに思っていることを溜めていたのか」と客観的に見られる状態になってきました。

そうして感情を全部吐き出してスッキリした気分になったOさんは、心理士さんにこう言ったそうです。「このままだと、長生きできませんね」。

身体にも心にも負荷がかかっていることが、やっと自覚できるようになってきたのです。

かつてのOさんは、「あの会社から逃げたら、負け」だと考えていたそうです。「負ける」のが嫌で、「会社にたどり着くのがゴール」になっていました。

でも、「感情を書き出すワーク」をした後のOさんは、「なぜそこまでして会社にしがみついて、執着していたのかな」と、自分でやっと気づくことができました。

苦しんでいた当時は、その会社に行く道しか、想像できなかったのです。

その後Oさんは転職活動をし、まったく違う分野の会社にすんなり就職できました。現在の会社では、イキイキと仕事をしておられます。

「人当たりがいい」「商品に関する学ぼうという意欲が豊富」と、会社のみなさんにほめてもらう機会も増えました。これまで苦しい思いをしていただけに、「なんでもっと早く踏み出さなかったのだろう」と今では思うようになりました。

Oさんは、「家内が心についての知識があったから救われた」とおっしゃっています。その奥様も、「あのままだったら弱っていく夫にイライラが募り、もっともっと追い詰めてしまったと思います」とおっしゃっていました。Oさんご本人も大変でしたが、支える奥様やご家族もキャパオーバーになっていました。

でも、そこで踏みとどまれたのは、奥様が心に対する興味や関心、知識があったからなのです。

周りの人に心理についての知識があることは、本当に大事なのだとつくづく実感した出来事でした。その思いがこの本を書くことにつながっています。

キマジメで誠実なあなたへ最後にお伝えしたいこと

キャパオーバーになってしまったキマジメさんは、どんどん視野が狭くなってしまうことがあります。けれど、この本を手に取ってくださっているあなた、あなたには、今本を読もうと思ってくださる容量があります。

このようにちゃんと容量があるときにこそ、こうした基本的な仕組みだけでも知っておいてほしいのです。

長い間にわたって疲弊し、容量オーバーな状態が続いてしまったキマジメさんは、楽になること＝パソコンの電源をいったん切る、つまり、自分の命を絶つことだと思い込んでしまうことがあります。それが唯一の解決策だと思うほどに追い詰められた状態になってしまうことが、誰にでも起こりうるのです。

こうした心理状態になってしまうと、周囲がどんな言葉を伝えたとしても、もうなかなか頭に入っていきません。受け入れる余裕がなくなってしまうのです。

そんな状態になってしまう前に、この本で紹介してきた「セルフ・マインド・マネジメント」の仕組みについて知っておいてほしいのです。

よく考えてみてください。命より大切なものって、あるでしょうか？

これまでたくさんの声を聴いてきた私は、ぜひみなさんに知っておいてほしいことがあります。

どれだけ失敗しようと、人から嫌われようと、逃げ出そうと、命を絶たなくてもいい。たとえ、破産しようが失敗しようが、現在の日本という国では、何らかの救済措置があります。助けてください、と言うことができるはずです。

この本を読んでくださっているあなたは、まだ本書でご説明した知識を受け止めてくださる容量があります。でも、周囲のキマジメさん、そして未来に出会うかもしれないキマジメさんたちに、いつか容量オーバーになる前に、この仕組みを伝えてほしいのです。

真面目でがんばり屋のキマジメさんには、自分自身を大切にしていただきたいと思います。

あなたの命は世界でたった一つ、かけがえのないものなのです。

※第5章の内容について、より理解を深めていただける動画を無料で公開しています。191ページにQRコードがあります。

Column

「私」という人間を尊重し、不快なものから距離を置く

「自分を尊重しましょう」と言うと、「わがままになること？」とか、「自己中心的になること？」と考える人がいます。でも、そうでしょうか。

真の意味での「自分を尊重する」というのは、「自分のことも相手のことも、同じように大事にする」ことだと思います。

若い頃の私は、他人と比べて落ち込むことがよくありました。自己評価の低さに悩んでいて、自分を認めることができず、一人反省会で自分を責めることもしょっちゅうでした。

でも、「自分で自分を認められない」「自分を尊重できない」というのは、言ってみれば「自分を認めてくれない人間と24時間同居している」ようなものです。これでは幸せになれるはずがありませんよね。

では、自分自身を〝大事な友人〟のように捉えることができたらどうでしょうか。

今日は一日、自分自身を〝大事な友人〟だと思って扱ってみてください。もちろん周りの人たちのことも。そうすれば、今までとは違った視点を持てるかもしれません。

そうして自分を尊重し始めると、自分を傷つけるような相手や、不快になるような物事から距離を置くことに、罪悪感を抱かなくなります。

自分のことを尊重できない人や物事から、そっと離れることを自分に許可できるようになるのです。

あなたにとってマイナスなものから離れることも、自分自身を守るためにはとても大事です。

自分の欠点も、それはそれで許してあげてください。欠点のない人間など存在しないのですから。自分の欠点を認められるようになると、誰もが欠点のある人間だと認められるようになります。そうして、「人間だもの。そういうこともあるよね」と、相手に対して寛容になれるようになります。

自分を尊重することができて初めて、周囲の人のことも大切にできるようになります。そのように循環していくのです。

ぜひ今日は、「自分を尊重する」ことを意識してみてくださいね。

あとがき

数ある本の中から本書に出会ってくださったことに心から感謝を申し上げます。

本書の中でも触れていますが、わたしは臨床心理士の母のもとに生まれ、物心ついたころから心理学の専門書の中で育ちました。大人になったとき、心理学というものがこれほど一般に知られていないという現実に非常に驚きました。

本書では日々頑張っているあなたが「どのようにしたらストレスを軽減して気持ちを楽に生きられるか」をテーマに、心理学の観点から、実際の生活に役立つ「セルフ・マインド・マネジメント」についてまとめました。

とはいえ、心理学はこれまで長い間研究され、今も発展し続けています。それこそ研究に一生を捧げても足りないほど深い分野です。

そこをあえて、「世界で一番簡単で、実際に使える『セルフ・マインド・マネジメント』の本」を目指して、最小限で最大の効果を発揮するように、できるだけシンプルで分かりやすくまとめています。

これは、私の理念である「次世代に伝えたい」という思いからです。

私には二人の娘がいます。その子たちが社会に出て、いろいろな壁を体験したとき、おそらく力になってくださるのは、母親である私ではなく、会社の仲間やパートナーや友人など周囲のみなさんでしょう。

だからこそ、本書にまとめた知識が当たり前のものとして社会に浸透し、次世代の人たちがのびのびと個性を伸ばして、誰もが笑顔で暮らせる、そんな世の中になってくれたらと願ってやみません。

最後に、アイデアをくれるIさん、誠実にいつもやり取りしてくださる編集のYさん、文章チェックしてくれたMさん、支えてくれるスタッフたち、この本はキマジメな素晴らしいチームがいてくださったからこそ形になりました。心からの愛と感謝を伝えたいと思います。

2021年8月

濱田恭子

Profile

濱田恭子（はまだ・きょうこ）

一般社団法人日本マインドワーク協会代表理事
株式会社サロン・ド・フルールアカデミー代表取締役
合同会社マインドワークBIZラーニング代表

1973年生まれ。奈良県出身。臨床心理士である母の仕事の影響で子供のころから心理学の専門書に囲まれて育ち、心の現場の声を目の当たりにしながら成長する。大学で学んだ児童心理学や乳児院でのボランティアを通じて、心に関する知識が日常の中で活かされていない現状に驚嘆する。

23才でスクール事業を立ち上げる。卒業生の悩みを聞くうちに、問題を解決し行動を変えるには、本人のマインド力が大きくかかわっていることに気づく。その後、催眠療法士の資格を取得し、様々な人の心に寄り添う。カウンセリングやセミナーのキャリアは17年以上。今では起業家、アスリートなどのイメージトレーニング、コンサルなどを多く担当している。

活動する中で、自分らしく生きるために、心の仕組みについてのわかりやすくシンプルな解説や、コミュニケーションについての知識の普及が必要だと感じ、2011年にマインドワーク®というオリジナルコンテンツを臨床心理士の監修で開発。その後、2016年に一般社団法人日本マインドワーク協会を設立。現在は、「視点が変わると人生が変わる」をテーマに、心理学とコーチングに基づいた行動変容型プログラムのセミナー、セッションなどを精力的に開催。マインド力を上げる講座は大人気で、これまでに延べ3万人以上が受講。ストレスケア、人材育成、各種資格取得など、講座の内容は多岐にわたる。

●濱田恭子のブログ：https://ameblo.jp/furu-rublog

マインドの仕組み動画セミナー

マインドの仕組みについていろいろなことをお話ししています。

本書の内容について、より理解を深めていただけると思います。

こちらからご覧ください。

https://mindworkof-j.com/info/1005/

キマジメさんの「いっぱいいっぱい」でしんどい！ がラクになる
セルフ・マインド・マネジメント

2021年9月16日　　第1刷発行

著　者　濱田恭子
発行者　唐津　隆
発行所　株式会社ビジネス社
〒162-0805 東京都新宿区矢来町114番地
神楽坂高橋ビル5階
電話 03(5227)1602　FAX 03(5227)1603
http://www.business-sha.co.jp

カバー印刷・本文印刷・製本/半七写真印刷工業株式会社
〈カバーデザイン〉ナカジマブイチ（BOOLAB.）
〈イラスト〉林香世子　〈本文デザイン・DTP〉関根康弘（T-Borne）
〈編集担当〉山浦秀紀　〈営業担当〉山口健志

©Hamada Kyoko 2021　Printed in Japan
乱丁・落丁本はお取りかえいたします。
ISBN978-4-8284-2324-1